her blood had spilled. Another Greek myth tells the story of the nymph Anemone, who was pursued by the god Apollo. When she realized that she could not escape his advances, she prayed to the goddess Artemis for help. Artemis turned Anemone into a flower, which she then hid in the woods to protect her from Apollo's pursuit. In Christian tradition, the anemone is associated with the crucifixion of Jesus Christ. According to legend, when Christ was crucified, drops of his blood fell to the ground and turned into red anemones. In general, the anemone flower is often associated with death, resurrection, protection, and beauty in different cultures around the world. Quantum mechanics is a branch of physics that deals with the behavior of particles at a very small scale, such as atoms and subatomic particles. It describes how these particles interact with each other and with energy, and it has revolutionized our understanding of the physical world. In quantum mechanics, particles exist in multiple states simultaneously, and they can exist in a state of superposition until they are observed. This means that particles can appear to be in two places at once, or they can be connected across vast distances in a phenomenon called entanglement. Quantum mechanics also introduces the concept of uncertainty, which means that we can't know the precise location or velocity of a particle at any given moment. The backlash against feminism can foster negative attitudes towards women by framing feminist concerns as unfounded or exaggerated. This can contribute to the normalization of sexism and misogyny, which in turn harms both men and women by perpetuating inequality and perpetuating harmful attitudes about gender roles. Also by rejecting feminist ideas about gender equality, the backlash against feminism can limit men's ability to explore and express their own identities outside of traditional gender roles. This may result in men feeling trapped in a rigid definition of masculinity, which can have negative consequences for their mental health and personal relationships. Loving someone or being loved is a feeling that is hard to put into words. It is a feeling that can bring so much joy and happiness, while also providing a sense of security and comfort. Love can be expressed through various actions, such as holding hands or simply spending time together. When we experience love, our bodies release oxytocin, a hormone that makes us feel more connected and bonded. This hormone is also responsible for creating a sense of calmness, which can help us feel more secure and confident. As the world becomes more complex and technologies, it is essential for humans to cultivate a mindset to adapt to a rapidly changing world. In order to thrive, we must develop the ability to continuously learn new skills, adapt to new technologies, and critical thinking to stay relevant and competitive in the global economy. Building resilience and the ability to bounce back from setbacks and failures is critical in times of rapid change. We must be aware of the ethical implications of technological advances, and strive to use technology for the greater good. By developing these skills, we can prepare ourselves to thrive in the era of chatGPT and beyond, and help shape a future that benefits everyone. Another important action we must take is to protect our forests and oceans, which are crucial for absorbing carbon dioxide from the atmosphere and regulating the earth's climate. This requires preserving and restoring forest ecosystems, as well as reducing deforestation and pollution. Similarly, we must reduce pollution and overfishing in our oceans, as well as protect marine habitats and species. By taking these steps, we can mitigate the impacts of climate change and preserve the natural systems that sustain us. Did the Pentagon make the right decision? Taken by themselves, the injuries were unconvincing. In the Iraq War, one of the most common injuries recognized with the Purple Heart has been a punctured ear drum, caused by explosions at close range. But unlike bullets and bombs, such explosions are not a deliberate enemy tactic intended to injure or kill; they are (like traumatic stress disorders) a side effect of battlefield action. And while traumatic disorders may be more difficult to diagnose than a broken limb, the injury they inflict can be severe and long-lasting. Hateful societies are those that are built on the belief that one group is inherently superior to others. This belief can manifest in many forms, including discrimination, violence, and dehumanization of those deemed inferior. Such societies often use myths, propaganda, and other forms of manipulation to justify their actions and maintain their power. Hateful societies can be found throughout history and across different parts of the world. They can take many different forms, from authoritarian regimes to religious fundamentalism to racial or ethnic supremacy. The consequences of living in a hateful society can be devastating, leading to widespread suffering, oppression, and even genocide. I'd been given a glimpse of a Great Secret—The Secret. The glimpse came in a hundred-year-old book, given to me by my daughter Hayley. I began tracing The Secret back through history. I couldn't believe all the people who knew it. They were the greatest people in history: Plato, Shakespeare, Newton, Hugo, Beethoven, Lincoln, Emerson, Edison, Einstein. As I asked, "Why doesn't everyone know this?" A burning desire to share The Secret with the world consumed me, and I began searching for people who knew The Secret. Fossils indicate that the evolutionary line leading to us had achieved a substantially upright posture by around 4 million years ago, began to increase in body size and in relative brain size around 2.5 million years ago. Those protohumans are generally known as Australopithecus, Homo habilis, and Homo erectus, which apparently evolved into each other in that sequence. Although Homo erectus, the stage reached around 1.7 million years ago, was close to us modern humans in body size, its brain size was still barely half of ours. Stone tools became common around 2.5 million years ago, but they were merely the crudest of flaked or battered stones. In zoological significance and distinctiveness, Homo erectus was more than an ape, but far less than a modern human. 'The Queen's Looking Glass' is a chapter in the book The Madwoman in the Attic. In this chapter, two authors explore the use of the mirror as a symbol in literature by women. They argue that the mirror has been used by male writers to reinforce traditional gender roles and to objectify women. However, women writers have subverted this symbol, using it to challenge traditional notions of femininity and to explore the complexity of their own identity. They try to show us how women writers have used literature to resist patriarchal oppression and to assert their own identities. If the Earth were to end, it would be a cataclysmic event for all life on our planet. The thought of such a scenario is both terrifying and intriguing. However, it is important that we understand that this is a hypothetical situation, and I suggest we take measures to prevent such an outcome as soon as possible. If the Earth were to end, it would mean the destruction of all living beings and ecosystems. The beauty of nature, the diversity of species, and the complexity of life would be lost forever. It is a world without the vibrant colors of a sunrise, the sound of birds singing, or the smell of freshly-cut grass. The loss of these experiences would be beyond measure. If one were to step back and analyze the current state of affairs, it would become evident that a paradigm shift is necessary for the betterment of society. Should we continue down this path of negligence, the consequences could be dire. Were a new approach to be implemented, however, the potential for positive change would be immense. What if we, as a society, were to shift our focus from material wealth to personal well-being? It is conceivable that this change would lead to more fulfilling lives and stronger communities. If only we could let go of our constant pursuit of possessions and status, we might realize that there is more to life than what meets the eye. India is a diverse multiethnic country that is home to thousands of small ethnic and tribal groups. Its complexity developed from a lengthy and involved process of migration and intermarriage. The great urban culture of the Indus civilization, a society of the Indus valley that is thought to have been Dravidian-speaking, thrived from roughly 2500 to 1700 BCE. An early Aryan civilization also flourished from about 1500 BCE onward. The Aryans brought with them a caste system that became India's distinctive social structure. The caste system divides society into four main categories: Brahmins (priests), Kshatriyas (warriors), Vaishyas (traders), and Shudras (servants). The peoples of India include Indo-Dravidians and Mongoloids. You will have the chance to read through and discover the spark to innovate and solve real-world problems, to spot the problems, and to compete with your solutions. You will have an easy five-step process that you can use to innovate. Not only is this a process for your projects, but this is something that is repeatable, and you will be able to use it for your other innovation endeavors. Feel free to check out at the end of each chapter for some hands-on learning as you understand the fundamentals behind innovation. According to the legend, Adonis was in the woods when he was attacked and killed by a wild boar. As he lay dying, the goddess Aphrodite rushed to his side and wept over him, causing flowers to bloom from the ground where his blood had spilled. Another Greek myth tells the story of the nymph Anemone, who was pursued by the god Apollo. When she realized that she could not escape his advances, she prayed to the goddess Artemis for help. Artemis turned Anemone into a flower, which she then hid in the woods to protect her from Apollo's pursuit. In Christian tradition, the anemone is associated with the crucifixion of Jesus Christ. According to legend, when Christ was crucified, drops of his blood fell to the ground and turned into red anemones. In general, the anemone flower is often associated with death, resurrection, protection, and beauty in different cultures around the world. Quantum mechanics is a branch of physics that deals with the behavior of particles at a very small scale, such as atoms and subatomic particles. It describes how these particles interact with each other and with energy, and it has revolutionized our understanding of the physical world. In quantum mechanics, particles exist in multiple states simultaneously, and they can exist in a state of superposition until they are observed or measured. This means that particles can appear to be in two places at once, or they can be connected across vast distances in a phenomenon called entanglement. Quantum mechanics also introduces the concept of uncertainty, which means that we can't know the precise location or velocity of a particle at any given moment. The backlash against feminism can foster negative attitudes towards women by framing feminist concerns as unfounded or exaggerated. This can contribute to the normalization of sexism and misogyny, which in turn harms both men and women by perpetuating inequality and perpetuating harmful attitudes about gender roles. Also by rejecting feminist ideas about gender equality, the backlash against feminism can limit men's ability to explore and express their own identities outside of traditional gender roles. This may result in men feeling trapped in a rigid definition of masculinity, which can have negative consequences for their mental health and personal relationships. Loving someone or being loved is a feeling that is hard to put into words. It is a feeling that can bring so much joy and happiness, while also providing a sense of security and comfort.

딸에게 들려주는 영어수업

하루 30분, 15일이면 영어가 한눈에 보인다!

# 딸에게 들려주는 영어수업

조영학 지음

비아북

"아빠, 나 영어 가르쳐줘."

어느 날 갑자기 대학생 딸이 영어 타령을 하기 시작했다. 중학교, 고등학교 시절에도 자신은 '영포자'라며 오히려 큰소리를 쳤던 아이다. 그런데 졸업 후 취업 문제가 현실로 닥치면서 영어가 절실해진 것이다.

하기야 아이가 '영포자'가 된 데는 부모 잘못도 크다. 우리 부부는 둘 다 영문과 석사 출신이다. 심지어 아빠는 대학에서 10여 년 동안 영어를 가르치고 20년 동안 영어로 된 책 100여 권을 번역했다. 평생을 영어와 살았건만, 아이는 둘 다 '영포자'다.

영어를 가르치지 않은 이유는 아이들이 원치 않았기 때문이다. 그것이 우리 부부의 교육방식이었다. 지원하되 개입하지 않는다. 뭐든 도와줄 의사는 있지만 공부에 흥미가 없다는 아이들을 책상 앞에 강제로 앉힐 수는 없었다.

아이들이 어릴 때 서울 생활을 접고 경기도 외곽으로 이사를 온 이유도,

우리 형편으로는 과외 보내기가 어려운데 돈 많은 도시 아이들과 경쟁하다 몸과 마음만 다칠까 더럭 겁이 났기 때문이었다. 우리는 아이들이 성공하기보다 행복하기를 바랐다. 그래서 애들이 자라는 동안 공부하라는 얘기를 해본 적도, 공부하지 않는다고 나무란 적도 없다. 심지어 지금껏 애들 성적표를 본 적도 없다.

'공부? 그거 하고 싶을 때 하는 것 아닌가?'

그 점에서는 아내도 나도 생각이 일치한다. 공부에는 때가 있다고들 하지만 정승도 저 싫으면 안 한다고 하는 나라가 우리나라 아닌가. 하기 싫다는 애들한테 잔소리를 하고 매를 들었다가 아이도 불행해지고 가족은 불화로 신음할까 그게 더 불안했다.

사실 내가 '정승도 저 싫으면 안 한다'는 표현대로 살아오기도 했다. 남들 공부할 때 공장에서 일하다가 어느 날 문득 공부를 하겠다며 검정고시로 중학교, 고등학교 졸업자격을 따고, 남들 졸업할 나이인 26세에 겨우 대학 신입생이 되었다. 누구한테도 공부하라는 잔소리를 들어본 적이 없지만, 그래도 사람 구실은 하며 살고 있지 않은가.

영어라면 질색하던 아이가 스스로 나서서 영어를 가르쳐달라고 부탁해왔다. 마침내 공부할 준비가 되었다는 얘기이고 때가 되었다는 뜻이다. 그럼 됐다. 공부는 그럴 때 하면 된다. 아빠인 내가 이 청을 외면할 수 없는 이유다.

'내가 영어를 가르친다면', '내가 영어공부 책을 쓴다면?'

오랫동안 고민했던 숙제다. 영어공부는 어디서부터 어떻게 시작해야 하지? 『성문 종합영어』처럼 명사부터 가르치나? 『성문 기본영어』처럼 to부정사부터? 대학에서, 학원에서 영어를 가르치기는 했지만 그건 영어가 아니라 시험을 위한 과정일 뿐이었다. 그저 교재에 따라 진도를 빼기 바빴다. 진짜 영어공부를 위한 방법과는 거리가 있었다는 얘기다.

난 딸에게 '글을 읽고 이해하기'부터 가르치기로 했다.

읽고 이해하기부터 시작하는 이유는 영어능력이 '하면서(active theory)'가 아니라 '받아들이면서(receptive theory)' 는다고 믿기 때문이다. 요컨대 읽고 듣기가 쓰고 말하기보다 중요하며, 읽고 듣기 능력이 향상되면 쓰고 말하기 능력도 함께 따라온다는 뜻이다. 그러니까 읽고 듣기는 선행되거나 적어도 병행되어야 한다.

글을 사용하기 위한 정보나 지식이 늘수록 대화도 글쓰기도 훨씬 수월해진다. 머리에 콘텐츠가 부족하고 귀로 담아둔 소리 정보가 없는데, 어떻게 글을 쓰고 대화를 한단 말인가. 딸에게도 동영상이든 청취용 파일이든 하루 30분 정도는 듣고 자라고 권했다. 당연한 얘기지만 우리말 독서도 영어실력 향상에 큰 도움이 된다.

난 우선 딸에게 영어의 생김새부터 보여주기로 했다.

"윤빈아, 사람들이 왜 영어 읽기를 어렵게 생각하는지 아니? 긴 영어문장을 이해하기 어렵다면 문장 중 어디서부터 꼬이기 시작하는 것일까? 우리 그 얘기부터 해보자."

영어책을 펴 들고 제일 먼저 했던 얘기다. 단어나 숙어, 관용 표현을 다 일러줘도 영어문장이 길어지면 다들 난감해한다. 언젠가 직원 면접을 볼 때였다. 영어잡지를 주며 한 꼭지를 읽게 한 다음 무슨 내용인지 물었더니 잡지를 들어 다시 살펴보는 것이 아닌가. 읽는 과정과 이해하는 과정이 별개로 작동한다는 뜻이었다. 모르긴 몰라도 단어를 억지로 뜯어 맞추며 의미를 유추(?)하고 싶었을 것이다. 그러나 독해, 즉 'reading comprehension'은 읽고 나서 이해의 과정을 거친다는 뜻이 아니라 '읽으면서 이해한다'는 뜻이다. 그래서 현재진행상 'reading'이다.

영어는 단어나 숙어가 아니라 구조, 즉 생김새로 읽어야 한다. 그래서 '구조가 곧 의미다(Structure is the meaning.)'라는 말도 있다. 내가 토익이나 토플 같은 문제집이 아니라 글 읽는 훈련부터 시키는 이유도 그래서다. 글을 읽으면서 영어를 배워야 하는데, 글을 읽기 전 준비과정이 너무 길다.

부정사를 알아야 하고 동명사를 알아야 하고 지엽적인 문법 지식까지 모조리 쌓아야 한다. 필요하다는 문법 지식도 너무 많다. 책을 읽으며 자연스럽게 깨치면 될 지식까지 모두 이해해야 다음 단계로 넘어가니, 글을 읽기도 전에 지치기 십상이다. 더욱이 문제집은 문제가 될 만한 것들만 다룬다. 영어를 총체적으로 바라보기가 쉽지 않다는 뜻이다.

내가 지향하는 방식은 글 읽기를 위한 최소한의 무기만 갖춘 채 글 읽기를 시작하는 것이다. 실제로 그 시간은 두 시간이면 충분하다. 단어, 숙어, 관용 표현은 그때그때 익히면 되고 지엽적인 문법 사항도 예문을 통해 확인하면 된다. 딸에게도 첫날 두 시간 정도 '영어의 모습'을 그려주고 다음 날부터 곧바로 직접 영어문장들을 읽고 해석하게 했다.

정확히 얘기하자면, 이 책은 영어를 공부하는 책이 아니다. 그보다는 영어공부를 위한 책이고 영어책 읽기를 도와주는 책이다. 영어의 모든 현상을 다룰 생각도 없고 솔직히 말해 나한테 그럴 능력이 있는지도 잘 모르겠다. 그저 다 읽은 다음, '이제 영어공부를 할 자신이 생겼어'라는 마음이 든다면 이 책은 나름대로 소임을 다한 셈이다. 나머지 현상들은 그렇게 책을 읽어가며 익히면 그만이다.

이 책은 영어독해를 가르치는 방식에 대한 이야기이기도 하다. 누군가에게 영어독해를 가르친다고 할 때 어떤 방식과 구성이 효율적인지 보여주고 싶었다. 학생들에게 암기를 무기로 영어의 규범을 주입하는 것은 옳지 않다. 암기 사항을 최대한 줄여주고, 필요한 단어와 표현 들은 본문을 통해 확인하도록 해야 한다. 우리가 우리말을 암기해서 배우지 않듯 영어도 마찬가지다. 암기해야 할 것은 문법 시스템이 아니라 낯선 어휘들이다. 지금껏 영어교육 현장이 영어의 규범(rules)을 제시했다면 이제는 왜 그런지 이유(reason)를 설명해줘야 한다.

접속사가 왜 필요해요?

왜 여기는 *to*부정사를 쓰고 여기는 ing부정사를 써요?

*provide* 같은 단어는 왜 4형식으로 쓰지 못해요?

이 *people*에는 왜 관사를 못 써요?

이 위치에 왜 대명사를 넣으면 안 돼요?

...


자, 이제 공부할 준비가 끝났다.

사랑하는 딸에게 아빠 나름의 방식으로 영어 이야기를 시작할 때가 왔다. 부사와 형용사도 이해 못 하고, 'there is'와 'this is'도 구분 못 하는 아이, 어지간한 단어는 읽지도 쓰지도 못하는 아이와 영어전쟁을 시작한다.

"너, 영어문장이 길수록 왜 어렵게 느껴지는지 아니?"

2023년 여름

남양주에서

CONTENTS

DAY
# 01
유닛

## 영어문장이 길수록 왜 어렵게 느껴지는지 아니?

　영어를 배우고 싶다고? 가르치는 건 어렵지 않은데, 포기하지 않고 잘 따라올 수 있겠어? 남의 나라 말이라 처음에는 많이 답답할 거야. 외국어 공부가 다 그렇잖아. '왜 좀체 실력이 늘지 않는 걸까?', '정말 내 머리가 나쁜가?' 이런 의심이 들 때도 있을 거야. 예를 들어 듣기(listening) 훈련이 그래. 단어 하나가 들리나 단어 셋이 들리나 문장 전체를 이해 못 하기는 마찬가지잖아. 그럼 내가 영어에 정말 소질이 없나 보다 하고 포기하기 쉽지. 너도 그러다 영어공부를 포기하게 되었겠지?

　그런데 그렇게라도 들리는 단어와 표현이 늘어나다 보면 어느 순간 귀가 열린단다. 마치 커다란 깨달음을 얻는 순간처럼 말이야. 공부는 그 깨달음을 향한 기다림이야. 고되고 고달프지만 깨달음은 누구에게나 열려 있어. 물론 포기하지 않는 자만이 열매를 따 먹을 수 있지.

　영어를 배우기에 늦지 않았느냐고? 대학생인데 영어실력은 중학생 수준이고?

　글쎄다. 어떤 시작도 아직 늦지 않았다는 말이 있기도 하고, 아빠는 영어에 수준이 있다는 말을 믿지 않아. 대학생과 중학생은 영어실력보다 지식과 경험, 그에 따른 판단

능력의 차이가 더 중요해. 네가 중학생보다 읽은 책도 많고 사회 경험도 많으니 영어문장을 이해하는 능력도 뛰어나지 않겠니? 문장을 이해하고 책을 읽기 위한 지식, 정보라면 그리 많지도 않고 어렵지도 않아. 어휘나 표현은 텍스트를 읽어가며 하나하나 익히면 되니까 크게 걱정하지 않아도 되고.

나는 네 나이 때 영어를 전혀 못했어. 중학교를 검정고시로 대신하고 고등학교에 진학하지 못한 채 이곳저곳에서 공장 생활을 했거든. 중학교 졸업자격 검정고시에 합격한 다음, 8년이 지나서야 고등학교 졸업자격 검정고시에 도전했고 스물여섯 나이에 겨우 대학교 1학년이 되었으니 영어를 공부할 시간이 없었던 것이지. 아빠가 인쇄소에 다닐 때 활자 문선(인쇄를 위해 활자를 상자에 모으는 작업)을 어떻게 했는지 아니? 영어 발음을 모르니 철자를 그대로 읽으면서 작업해야 했어. 예를 들어, 'I have been in the airport.'라는 문장이 있다면, '아이 하베 빈 인 더 아이르포르트'로 읽는 거야. 그렇게 하면 실제 발음을 모르더라도 문선 속도를 높일 수 있었지. 그런 아빠가 대학에서 영어를 가르치고 번역을 하고 이제 딸에게 영어를 가르치고 있잖아? 그러니 공부가 늦었다는 핑계는 접어두기로 하자. 걷다 보면 언젠가 목적지에 이르듯이 꾸준히 하다 보면 눈이 보이고 귀가 열리는 법이야.

자, 그럼 시작해볼까?

**99**

## 의미의 최소단위, 유닛

I love you.

이 문장처럼 '주어+동사+목적어'인 형태, 즉 주어와 동사가 하나뿐인 문장을 단문이라고 불러. 영어를 모른다고 해도 이 정도는 단어와 숙어만 알면 해석이 어렵지 않을 거야.

다음 문장은 어떨까? 해석할 수 있을까? 여기서 'suggest'는 '제안하다'라는 뜻이고 'vegetable'의 뜻은 '채소', '야채'야.

I suggest that you eat more vegetables.

이 정도는 너도 안다고? 그럼 좀 더 복잡한 문장을 풀어보자. 단어의 뜻을 알려주면 해독할 수 있을까?

It is transparently true that he was a man of steely determination who allowed no compromise on what he regarded as a matter of principle.

문장이 길어지니까 아까보다는 어려워 보이지? 그런데 문장이 길면 길수록 독해가 어렵다고 느껴지는 이유가 뭘까? 왜 우리는 문장이 길면 일단 난감해하는 것일까? 어떻게 하면 긴 문장도 단문처럼 쉽게 읽을 수 있지? 오늘은 그 얘기부터 해보자.

이 문장은 네 개의 단문이 결합해서 만들어진 문장이란다. 찬찬히 한번 살펴보자.

it is transparently true

that he was a man of steely determination

who allowed no compromise

on what he regarded as a matter of principle

이렇게 놓고 보니까 어때? 조금은 숨통이 트이는 것 같지? 단어, 숙어의 뜻을 알면 하나씩 풀어볼 자신도 생길 거야. 긴 문장에서 이렇게 하나씩 떼어낸 구문을 우리는 '유닛(unit)'이라고 부른단다. 중요한 개념이니 기억해두렴. 예전에는 의미의 최소단위를 '단어(word)'라고 생각했는데 지금은 '유닛'으로 바뀌었지. 어떤 단어도 문맥 없이는 의미도 있을 수 없기 때문이야.

'I bought an apple.'의 'apple'도 문맥에 따라서는 '사과'가 아니라 '아이폰'이나 '아이패드'의 뜻일 거야. 바로 그런 의미란다. 단어 하나만으로는 상황 판단이 어렵고, 그 단어가 포함된 상황을 전제로 해야 뜻이 제대로 서는 거야. 상대적인 개념이기는 해도 저렇게 떼어낸 단문을 일단 하나의 '유닛'이라고 생각하면 돼.

## 하나의 유닛은 한 번에 읽는다

학교 다닐 때 '접속사 앞에서 끊어 읽는다'라는 얘기를 들어봤을 거야. 거꾸로 말하면 '끊어 읽지 않는 구문은 끊어서 생각하지 않는다'라는 뜻도 되지. 그래서 유닛이 하나의 의미인 거야. 의미의 최소단위이니 단어를 따로따로 떼지 않고 함께 봐야겠지? 앞으로 유닛을 순서대로 읽고 이해하는 훈련을 하게 될 텐데, 지금 하는 얘기는 그 훈련을 위한 포석 같은 거야.

자, 앞의 문장을 다시 유닛으로 나눠볼까?

It is transparently true / that he was a man of steely determination / who allowed no compromise / on what he regarded as a matter of principle.

이 문장을 유닛의 결합으로 보면 유닛 하나하나는 해석이 어렵지 않을 거야.

그것은 명백한 사실이다 / 그는 결단력이 강철 같은 인물이었다 / 타협을 허용하지 않았다 / 그가 원칙의 문제로 여겼다

어때? 어려워 보였던 장문도 이렇게 유닛으로 나눠보니까 읽기만 해도 전체 뜻을 대충은 알 것 같지? 아무리 긴 문장도 그저 평범한 단문, 즉 유닛들이 모여서 만들어진 것일 뿐이야.

그런데 유닛들이 결합해서 문장이 길어지면 왜 해석하기가 어려울까? 그 이유만 알아도 긴 영어문장을 읽는 게 훨씬 쉬울 거야.

## 유닛 사이의 관계를 결정하는 암호, 접속사

자, 긴 문장을 하나 더 볼까?

After we finished our homework, which took us longer than usual because we kept getting distracted by our phones, we went for a walk in the park, where we saw a group of ducks swimming in the pond and a squirrel running up a tree.

이번에도 역시 길지? 하하, 그렇다고 한숨부터 내쉴 일은 아니야. 당황할 필요 전혀 없어. 우선 유닛으로 나눠보고, 유닛 하나씩 따로 떼어서 보자. 한번 해볼래?

❶ After we finished our homework, ❷ which took us longer than usual ❸ because we kept getting distracted by our phones, ❹ we went for a walk in the park, ❺ where we saw a group of ducks ❻ swimming in the pond ❼ and a squirrel running up a tree.

대부분 유닛 뒤에 접속사가 있지? 그 접속사들을 빼면 아까처럼 일반적인 단문 유닛이 나올 거야. 어디, 접속사를 무시하고 유닛을 하나씩 살펴볼까?

16

❶ we finished our homework 우리는 숙제를 마쳤다

❷ took us longer than usual 평소보다 오래 걸렸다

❸ we kept getting distracted by our phones 우리는 전화 때문에 계속 딴짓을 했다

❹ we went for a walk in the park 우리는 공원 산책을 했다

❺ we saw a group of ducks 우리는 오리 떼를 보았다

❻ swimming in the pond (오리 떼는) 연못에서 수영을 하고

❼ a squirrel running up a tree 다람쥐 한 마리가 재빨리 나무 위로 올라갔다

어때, 유닛 하나하나는 해독이 되지? 심지어 문장 전체의 의미까지 어렴풋이 이해되지 않아? 아무리 긴 문장도 유닛, 즉 단문이 결합해서 만들어진다는 것을 알고 그 단문들이 서로 어떤 식으로 이어지는지 이해하면 단문처럼 쉽게 파악할 수 있어.

그래, 난 '접속사' 얘기를 하고 싶은 거야. 접속사는 단문과 단문을 연결할 때 쓰는 것으로 연결사라고도 해. 접속사는 단문과 단문을 이렇게 저렇게 연결하라는 암호를 포함하고 있단다. 그 암호만 푼다면 유닛들을 결합하는 것도, 결합된 유닛들을 읽으며 이해하는 것도 그다지 어렵지 않아. 다음 시간에는 그 이야기를 해볼 거야.

다음 문장들을 유닛으로 나누고, 각 유닛을 번역해보세요. 접속사도 모두 찾아보세요. 유닛은 상대적인 개념이므로 각자 다르게 나눌 수 있어요.

When he arrived at the store, which was right after he finished his shift at the restaurant, he realized that he had left his wallet at home, but he decided to go ahead and see if they would let him pay with his phone, since he had done it before and he knew that the cashier was usually lenient.

❶ When he arrived at the store, 상점에 도착했다 / ❷ which was right after he finished his shift at the restaurant, 그가 식당에서 근무를 마친 직후였다 / ❸ he realized 그는 깨달았다 / ❹ that he had left his wallet at home, 지갑을 집에 두고 온 것이다 / ❺ but he decided to go ahead 그래도 물러나지 않기로 결심했다 / ❻ and see if they would let him pay with his phone, 전화로 지불하게 해줄지 알아보기로 한 것이다 / ❼ since he had done it before 전에도 해봤기 때문이다 / ❽ and he knew that the cashier was usually lenient. 게다가 그곳 점원은 항상 친절했다

When the doorbell rang, which was right in the middle of my favorite TV show, I thought it was the delivery guy with my pizza, but it was just my neighbor, who wanted to borrow some sugar, which I didn't have because I never use it in my coffee.

18

**❶** When the doorbell rang, 초인종이 울렸다 / **❷** which was right in the middle of my favorite TV show, 좋아하는 TV 프로그램을 시청하던 도중이었다 / **❸** I thought it was the delivery guy with my pizza, 아무래도 피자 배달원일 것이었다 / **❹** but it was just my neighbor, 그런데 이웃 사람이었다 / **❺** who wanted to borrow some sugar, 설탕을 조금 얻을 수 있는지 물었다 / **❻** which I didn't have 집에는 설탕이 없었다 / **❼** because I never use it in my coffee. 내가 커피에 설탕을 타지 않기 때문이다

Although the museum was closed on Mondays, and I had planned to visit it today, I decided to go to the library instead, where I found a book about ancient civilizations, which I had been looking for everywhere.

**❶** Although the museum was closed on Mondays, 박물관은 월요일에 휴관했다 / **❷** and I had planned to visit it today, 나도 오늘 방문할 생각이었다 / **❸** I decided to go to the library instead, 대신 나는 도서관에 갔다 / **❹** where I found a book about ancient civilizations, (그곳에서) 고대 문명 관련 서적을 찾아냈다 / **❺** which I had been looking for everywhere. 그동안 그렇게나 찾아다녔던 책이다

After I finished my shift at the coffee shop, which was really busy because it was a Friday night, I went home and crashed on the couch, where I fell asleep while watching a movie, which I had seen before but still enjoyed.

❶ After I finished my shift at the coffee shop, 나는 커피숍 근무를 마쳤다 / ❷ which was really busy 무척이나 바빴다 / ❸ because it was a Friday night, 금요일 밤이었기 때문이다 / ❹ I went home and crashed on the couch, 나는 귀가하자마자 소파에 쓰러졌다 / ❺ where I fell asleep while watching a movie, 그리고 영화를 보다가 잠이 들었다 / ❻ which I had seen before but still enjoyed. 전에도 본 영화이지만 여전히 재미있었다

---

**5**

While I was driving to work, which was going to be a long day because I had a lot of meetings and deadlines, I got stuck in traffic, which was caused by a car accident, so I had to take a detour, which added an extra 20 minutes to my commute.

❶ While I was driving to work, 나는 차를 몰고 출근 중이었다 / ❷ which was going to be a long day 어려운 하루가 될 것이었다 / ❸ because I had a lot of meetings and deadlines, 미팅도 마감도 많이 있었기 때문이다 / ❹ I got stuck in traffic, 차가 막혔다 / ❺ which was caused by a car accident, 자동차 사고가 있었던 것이다 / ❻ so I had to take a detour, 덕분에 우회를 해야 했다 / ❼ which added an extra 20 minutes to my commute. 결국 출근 시간이 20분이나 지체되었다

아빠의 번역

1 식당 근무가 끝나자마자 가게에 달려갔건만 알고 보니 지갑을 집에 두고 왔다. 그렇다고 빈손으로 갈 수는 없었다. 그는 휴대폰으로 지불할 수 있는지 물어보기로 했다. 예전에 해본 적이 있기도 하고, 이곳 점원이 항상 친절하다는 것 정도는 알고 있었다.

2 초인종이 울렸을 때 하필 좋아하는 TV 프로그램을 시청하던 도중이었다. 피자 배달원인 줄 알았는데 그냥 이웃 사람이었다. 설탕을 조금 얻어가려 했지만 우리 집에도 설탕은 없었다. 내가 커피에 설탕을 타지 않기 때문이다.

3 박물관이 월요일은 휴관이어서 오늘 찾아갈 생각이었지만 난 마음을 바꿔 도서관으로 향했다. 그리고 그곳에서 고대 문명 관련 서적을 발견했는데 그동안 그렇게나 찾았던 바로 그 책이었다.

4 커피숍 근무를 마쳤다. 금요일 밤인지라 무척이나 분주했다. 난 귀가하자마자 소파에 쓰러졌고, 영화를 보다가 잠에 빠져들었다. 전에도 본 영화이지만 여전히 재미있었다.

5 자동차로 출근 중이었다. 미팅도 마감도 많은 터라 무척이나 고된 하루가 될 것이었다. 게다가 차 사고 탓에 교통까지 막혔다. 그래서 우회도로로 빠졌는데 덕분에 출근 시간이 20분이나 더 걸렸다.

밑줄 친 부분에 주의하여 다음 글을 읽되, 유닛 구분에 집중해보세요.

You will have the chance ❶ to read through and discover the spark to innovate and solve real-world problems, to spread awareness of the problems, and to compete with your solutions. You will have an easy five-step process ❷ that you can use to innovate. ❸ Not only is this a process that you can use for your projects, but this is something ❹ that is repeatable, and you will be able to use it for your other innovation endeavors. Feel free to check out the workspaces at the end of each chapter for some hands-on learning ❺ as you understand the fundamentals behind innovation.

중요 단어

◆ innovate 혁신하다 ◆ awareness 깨달음, 인식 ◆ real-world problem 실제 문제 ◆ compete 경쟁하다 ◆ repeatable 반복할 수 있는 ◆ endeavor 노력 ◆ feel free to ~ 마음대로 ~ 하다
◆ workspace 작업공간, 작업영역 ◆ hands-on learning 실습 ◆ fundamental 근본, 기본

독해 포인트

❶ 동일한 구조가 반복될 때는 쉼표를 써서 나열한 다음 마지막에 and를 붙인다. 여기서 'and to compete ~'가 to부정사 반복의 마지막이므로 ❶을 하나의 사건으로 봐야 한다. 그럼 '이 책을 다 읽고 실제 문제를 혁신하고 해결할 불꽃을 찾는다'가 된다. to read through and discover the spark가 별개의 사건이려면 to read through and to discover the spark처럼 and 뒤에도 to가 있어야 한다.

❷, ❹ 앞의 문장이 '주어+동사+목적어'처럼 '갖춘 문장'일 경우, 그 뒤의 절은 형용사절이 된다.

❸ 'not only ~ but (also) ~'의 구문이다. '~는 물론 ~도 하다'의 뜻이다. 또한 부정의 부사(구)가 문장 앞에 나오는 경우 주어와 동사가 도치된다는 사실도 알아둘 필요가 있다. 예를 들어 'Little did he realize that his actions would have such a profound impact.'처럼 쓴다는 뜻이다.

❺ as는 부사절 접속사로 문맥에 따라 '이유', '시간'을 뜻한다.

## 나의 번역

**2**

The history of American prisons can be traced back to the colonial era, where ❶ <u>they</u> were used as a form of punishment for specific crimes and as a means of rehabilitation. In the 19th century, a new form of punishment, ❷ <u>known</u> as ❸ <u>the penitentiary</u>, emerged which aimed to reform and rehabilitate offenders through isolation and hard labor. The late 20th century saw a shift towards mass incarceration, ❹ <u>resulting</u> from increased crime rates and the War on Drugs. This led to overcrowding and inhumane conditions in many prisons, and a growing criticism of the American prison system. In recent years, there have been efforts to reform the prison system and reduce mass incarceration, ❺ <u>including</u> sentencing reform and rehabilitation programs. However, the challenges ❻ <u>facing</u> the American prison system remain significant and ongoing.

( 중요 단어 )

◆ be traced to ~ ~로 거슬러 오르다 ◆ colonial era 식민지 시대 ◆ punishment 징벌, 징계 / punish(징계하다, 벌주다)의 명사형 ◆ as a means of ~ ~의 수단으로 ◆ rehabilitation 재활 / rehabilitate(재활하다)의 명사형 ◆ emerge (모습을) 드러내다, 떠오르다 ◆ isolation 격리, 고립 ◆ hard labor 중노동, 강제노동 ◆ mass incarceration 대량 투옥 ◆ A result from B A는 B에서 비롯되다(=B result in A) ◆ crime rate 범죄율 ◆ inhumane 비인간적인 ◆ sentencing reform 선고 개혁 ◆ challenge (명사) 도전, 도발 / (동사) 도전하다, 도발하다 ◆ significant 중요한, 의미 있는 ◆ ongoing 진행 중인

❶ they는 American prisons를 지시하는 대명사다. 대명사가 어떤 명사를 지시하는지 확인하는 습관이 필요하다.

❷ (which is) known에서 나온 형태다. '형용사절+be동사'는 생략할 수 있다.

❸ penitentiary는 현재 prison과 거의 같은 의미로 사용된다. ❸은 삽입구이므로 a new form of punishment emerged가 '주어+동사'임을 볼 수 있어야 한다.

❹, ❺, ❻ which resulted, which include, which face의 구문에서 접속사 which를 생략하고 원형동사에 ing를 붙였다. 이에 대해서는 DAY 05에서 자세히 다룰 것이다.

## 나의 번역

아빠의 번역

1  이 책을 끝까지 읽고 나면 여러분도 불꽃을 피워 실제 문제를 혁신하고 해결할 기회를 얻을 것이며, 문제 인식을 전파하고, 여러분 자신의 해법으로 경쟁하게 될 것이다. 혁신에 활용하기 쉬운 5단계 프로세스도 얻게 된다. 이 프로세스는 여러분 프로젝트에도 활용할 수 있지만, 재활용이 가능하기에 다른 혁신 시도에도 써먹을 수 있다. 각 장 말미의 작업공간을 통해 실습도 하고 혁신의 기본도 이해해보자.

2  미국 교정 시설의 역사는 식민 시대로 거슬러 올라갈 수 있다. 당시에는 교정제도가 특정 범죄의 징벌 방식과 재활 수단으로 활용되었다. 19세기 들어 징계의 새로운 형태인 교도소가 등장하면서, 교화와 재활이라는 명분 아래 범죄자들은 격리되거나 중노동에 처해졌다. 20세기 후반에는 대량 투옥이 급격히 증가했는데, 범죄율의 증가와 마약 전쟁이 그 원인이었다. 그 바람에 대다수 교도소는 과밀 상태에 빠지고 비인간적 처우가 판쳤으며 그에 따라 미국 교정 시설에 대한 비판도 증가했다. 최근에는 교정제도를 개선하고 대량 투옥을 줄이기 위해 선고 개혁과 재활 프로그램 등의 방법으로 노력하기도 했으나 미국 교정 시설이 직면한 어려움은 여전히 심각한 상태로 남아 있다.

# DAY
# 02

**영어문장의 구조①**

# 영어 읽기에도 '5형식'이 필요할까?

외국인을 만나 유창하게 대화도 하고 싶고 외국인과 펜팔도 하고 싶은데, 왜 읽기부터 가르치는지 궁금할 거야. 쓰기와 말하기를 먼저 배우고 싶겠지.

글쎄다, 아빠는 언어는 하면서가 아니라 받아들이면서 배워야 한다고 믿는단다. 그러니까 특정 언어를 습득하기 위해서는 먼저 인풋(input)이 있어야 한다는 거야. 인풋, 즉 읽기나 듣기를 통해서 그 언어의 역사, 문화, 소리 정보 등을 받아들이고 저장해 둬야 아웃풋(output), 즉 쓰기와 말하기도 가능해지거든. 너는 이제 기본부터 시작하니까 어느 수준까지는 읽기와 듣기에 집중하고 조금씩 쓰기와 말하기를 늘려가는 편이 좋아. 어쨌거나 두 과정이 조화를 이뤄야 가장 효율적일 테니까.

그나마 읽기 훈련은 읽고 이해가 가능하니까 재미있을 거야. 조금 훈련하면 직접 문장을 분석해가며 읽을 수도 있고, 무엇보다 자신의 발전이 눈에 보이거든. 다시 한번 얘기하지만, 보다 지루하고 어려운 건 듣기 쪽일 거야. 문장 전체를 이해하지 못하면 무슨 뜻인지 모르니까, 발전이 더디다고 실망하는 경우가 많아. 포기하기도 쉽고.

어차피 시작한 공부, 아빠는 네가 끈기를 갖고 임하기를 바란다. 결실은 분명 어딘가에서 너를 기다리고 있으니까. 부탁이 있다면, 하루 20~30분만이라도 영어를 듣도록 해봐. 요즘엔 유튜브, MP3, 앱 등 듣기 훈련에 좋은 콘텐츠들이 얼마든지 있어. 처음에는 무슨 뜻인지 몰라 답답하고 지루하겠지만 언젠가는 반드시 그 보답을 받는 날이 올 거야.

자, 그런 의미에서 우리 파이팅 한번 외치고 시작하자!

99

## 형식이 뜻을 결정하는 언어, 영어

두 번째 시간이지. 질문을 하나 해볼 테니까 잘 생각해보렴.

우리말과 영어의 근본적인 차이가 뭘까? 우리말과 다르게 영어는 왜 문법 형식을 꼬박꼬박 지키면서 글을 쓰고 그 형식에 맞춰 글을 읽어야 할까? 조금 어렵지?

바로 문화 차이 때문이란다. 서양은 합리주의(rationalism)가 문화의 바탕이고 동양은 서정주의(emotionalism)가 그 기원이라고 할 수 있지. 다시 말해서, 서양은 '이성'을 중시하고 동양은 '정서'를 앞에 둔다는 뜻이야. 그렇기에 서양은 '형식'을 먼저 따지고, 동양은 '내용'만 이해하면 형식은 조금 무시해도 괜찮다고 여긴단다. 그래서 영어에는 '구조가 곧 의미다(Structure is the meaning.)'라는 말이 있는 거야. 그만큼 형식을 중요시한다는 뜻이지. 구조를 잘 살피면 뜻이 보인단다. 꼭 기억하길.

아빠가 번역을 하면서 끝없이 '번역투'와 싸운 것도 그래서야. 우리말은 문법 체계, 즉 형식(규범)이 느슨해서 영어식 문장이 끼어들 여지가 있거든. 소중한 우리말을 불필요한 번역투로 훼손할 필요는 없겠지.

그런 의미에서 오늘은 형식 얘기를 해보자. 너도 들어봤지? 영어의 5형식. 어디 한번 적어볼까?

1형식: 주어(S) + 동사(V)

2형식: 주어(S) + 동사(V) + 보어(C)

3형식: 주어(S) + 동사(V) + 목적어(O)

4형식: 주어(S) + 동사(V) + 간접목적어(IO) + 직접목적어(DO)

5형식: 주어(S) + 동사(V) + 목적어(O) + 목적보어(OC)

S = subject, V = verb, C = complement, O = object, IO = indirect objective,
DO = direct objective, OC = objective complement

어떤 사람은 문법을 너무 신경 쓰지 말라고 하는데, 아빠 생각에 그건 반은 맞고 반은 틀린 얘기야. 사소한 문법이나 표현 정도는 글을 읽으며 익혀도 되지만, 영어의 기본인 구조(structure)만큼은 먼저 이해하고 깨우쳐야 해. 앞에서 영어는 '구조 자체가 의미다'라고 했던 말처럼 실제 영어는 구조가 영어이고, 구조가 문법이라고 할 수 있어. 문법이 필요 없으니 무시해도 좋다고 하는 건 무책임한 태도야. 그보다는 읽고 이해하는 데 어떤 문법 지식이 필요한지 파악하고 그걸 중심으로 익히라고 해야 해.

구조가 안 보이면 영어도 보이지 않아. 어쩌면 그래서 영어가 쉬울 수도 있겠다. 구조를 이해하면 영어가 보인다는 뜻도 되니까.

## 영어문장을 구성하는 3원칙

자, 영어는 어느 문장이든 반드시 이 5형식을 지켜서 쓰고 이해하도록 되어 있어. 아빠가 영문학을 전공하고 학생들에게 영어를 가르치고 영어로 쓴 책들을 우리말로 옮기는 동안 5형식에 맞지 않는 문장은 아직 한 번도 보지 못했어. 그만큼 중요시된다는 뜻일 거야. 그러니까 우리도 그 형식에 맞춰 영어를 보고 이해해야 해. 넌 영어의 5형식에서 뭐가 보이니? 특별히 눈에 띄는 게 있어?

아빠가 하고 싶은 얘기는 다음 세 가지야.

**① 영어문장에는 예외 없이 주어, 동사가 있다.**
**② 영어문장에는 주어, 동사가 하나씩 있다.**
**③ 영어문장에는 주어, 동사가 하나씩만 있다.**

하하, 말장난하는 것 같겠지만 중요한 내용이야. 모든 영어문장은 바로 여기서부터 출발하거든.

이렇게 얘기해볼까? 아이가 태어나서 처음 익히는 말은 명사야. '맘마'나 '엄마'처럼. 그러다 생각이 조금 자라면 명사와 동사가 결합한다는 사실을 깨닫게 돼. 그래서 '맘마 줘', '엄마 좋아'처럼 말하게 되지. 비로소 하나의 '사건'을 표현하는 능력이 생긴 거야. 이해하겠니?

그런데 이성이 더 발달하면 사건과 사건이 결합해서 다른 사건을 만든다는 사실을 이해하게 된단다. 예를 들어 "나 영화 보고 싶어."라는 말을 영어로 표현해볼까. 여기에는 두 가지 사건이 들어 있단다. '내가 원한다(I want)'라는 사건과 '영화를 본다(see a movie)'라는 사건이지. 두 개의 사건을 엮어 하나로 만들어야 하는 거야. 이렇게 말이야.

I want see a movie.

그런데 어딘가 이상하지? 그래, see 앞에 to가 빠졌잖아. 그런데 왜 see 앞에는 to가 있어야 할까? to가 도대체 어떤 역할을 하길래? 없으면 안 되나? 왜? 그 답은 조금 전에 아빠가 알려준 것 같구나.

③ 영어문장에는 주어, 동사가 하나씩만 있다.

바로 이거야. 여기서 to는 '뒤에 있는 동사는 동사가 아니에요'라는 일종의 선언이란다. 사건과 사건, 즉 문장과 문장을 연결하면 동사가 여러 개 중복되기 때문에 혼란이 오게 돼. 그래서 그 문장의 주어와 동사 하나씩만 남기고 다른 것들은 모두 주어도 동사도 아니라는 표시를 해야 하는 거야. 영어문장에는 주어, 동사가 하나씩만 있어야 하니까. 그래야, 혼란이 없으니까.

**특명, 문장의 하나뿐인 주어와 동사를 살려라**

다음 문장들을 보자.

① Elephants have(동사) even larger brains, but nobody believes that elephants are smarter than men.
② We have(동사) nothing to do but waste the most beautiful months of the year on unimportant pursuits.
③ I can't help(동사) noticing that you look utterly miserable.

이제 조금 보일 거야. 세 문장 모두 동사를 3개씩 포함하고 있지만 하나를 제외하면 모두 '동사가 아닙니다' 표시를 달고 있어.

① nobody believes 앞에는 접속사 but, 그리고 elephants are 앞에는 접속사 that이 있지?
② do에 to가 있고, waste 앞에도 접속사 but이 보일 거야.
③ 마찬가지로 notice는 '~ing'가 붙는 식으로 동사가 아니라고 표시되어 있어. 물론 you look은 접속사 that으로 you look이 이 문장의 주어도 동사도

아님을 알려주고 있지.

which, that, but 등의 '접속사'와 'to부정사', 그리고 'ing부정사'의 역할은 단 하나야. 뒤에, 또는 앞에 나오는 주어나 동사가 그 문장의 주어나 동사가 아 님을 지시하는 것. 이유는? 영어문장에 주어, 동사는 하나씩만 있어야 하니 까. 아, ing부정사라는 개념은 생소할 거야. 아빠가 만든 개념이거든. 이제 차츰 공부해나갈 테니 지금은 개념만 알아둬.

자, 이제부터는 '접속사'와 'to부정사', 'ing부정사'가 모두 같은 식구라는 사실 을 공부할 거야. 그럼 접속사가 무엇인지 먼저 알아야겠지? 접속사를 생략해 서 만든 게 to부정사, ing부정사거든. 다음 시간에 접속사 얘기를 해보기로 하자.

오늘 배운 내용을 잘 기억해둬. 영어문장에는 주어, 동사가 하나만 있어야 하 며, 두 개 이상 있을 때는 쓰임에 따라 반드시 '접속사', 'to부정사', 'ing부정 사'로 '얘는 주어도 동사도 아니에요' 하고 알려준다!

다음 문장들에서 접속사, to부정사, ing부정사에 표시하고 문장에 하나뿐인 주어와 동사를 찾아보세요.

What the teacher said in class yesterday, which was quite confusing, and what the textbook explains in chapter three, which is much clearer, both relate to the same topic of quantum mechanics.

What the teacher said in class yesterday, which was quite confusing, and what the textbook explains in chapter three, which is much clearer, both relate to the same topic of quantum mechanics.

주어는 both, 동사는 relate다. 여기서 both는 명사절인 What the teacher said in class yesterday와 what the textbook explains in chapter three를 받는 대명사다.

It is the movie that I watched last night, which had a great plot and excellent acting, and it is the one that I would highly recommend to anyone looking for a good film.

It is the movie that I watched last night, which had a great plot and excellent acting, and it is the one that I would highly recommend to anyone looking for a good film.

주어와 동사는 각각 It과 is다. 다만 It은 가주어이고 명사절 'that I watched ~'가 진짜 주어임을 알아야 한다.

The process of learning a new language, which involves studying grammar and vocabulary, practicing speaking and listening, and immersing yourself in the culture, can be challenging but also very rewarding.

The process of learning a new language, which involves studying grammar and vocabulary, practicing speaking and listening, and immersing yourself in the culture, can be challenging but also very rewarding.
이 문장의 동사는 can be이다. 따라서 주어는 제일 앞의 The process가 된다.

4

The opportunity to travel to different countries and experience new cultures is one of the many benefits that comes with working for an international organization.

The opportunity to travel to different countries and experience new cultures is one of the many benefits that comes with working for an international organization.
주어는 The opportunity, 동사는 is이다.

The artist who decided to exhibit in the museum today wanted to create
a masterpiece that would not only capture the viewer's attention and
evoke emotion, but also inspire them to think deeply, ask question, and
engage in meaningful conversations.

5

The artist who decided to exhibit in the museum today wanted to create
a masterpiece that would not only capture the viewer's attention and
evoke emotion, but also inspire them to think deeply, ask question, and
engage in meaningful conversations.

주어는 the artist, 동사는 wanted다. and가 중복해서 나오는 경우, 마지막에만 and
를 쓰고 나머지는 쉼표로 표시하므로 ask questions 앞의 쉼표는 and 역할을 한다.

### 아빠의 번역

① 어제 수업 시간에 선생님이 말씀하신 내용은 매우 어려웠다. 교재 3장의 설명은 훨씬 명료하지만 둘 다 양자역학의 주제와 관련이 있다.

② 어젯밤에 본 영화는 구성이 훌륭하고 연기도 멋있었다. 좋은 영화를 찾는 사람들에게 강력 추천하고 싶은 영화다.

③ 문법과 어휘를 공부하고, 말하기와 듣기를 연습하고, 문화에 몰입하는 등 새로운 언어를 배우는 과정은 어렵지만 매우 보람차기도 할 것이다.

④ 다양한 국가를 여행하며 새로운 문화를 경험하는 기회는 국제기구에서 일하면서 누리는 여러 혜택 중 하나다.

⑤ 작가는 오늘 박물관에 전시를 결정하면서, 관람객의 마음을 사로잡아 감정을 자극하는 동시에 그들에게 영감을 주어 깊은 생각과 질문을 유도함으로써 의미 있는 대화로 이끌 걸작을 만들고자 했다.

밑줄 친 부분에 주의하여 다음 글을 읽되, 각 문장의 주어를 찾는 데 집중해보세요.

**1**

According to the legend, ❶ <u>Adonis was hunting</u> in the woods when he was attacked and killed by a wild boar. As he lay dying, the goddess Aphrodite rushed to his side and wept over him, ❷ <u>causing</u> red anemone flowers to bloom from the ground where his blood ❸ <u>had spilled</u>.

Another Greek myth tells the story of the nymph Anemone, ❹ <u>who was</u> pursued by the god Apollo. When she realized that she could not escape his advances, she prayed to the goddess Artemis for help. Artemis turned Anemone into a flower, which she then hid in the woods to protect her from Apollo's pursuit.

In Christian tradition, the anemone is associated with the crucifixion of Jesus Christ. According to legend, when Christ was crucified, drops of his blood fell to the ground and turned into red anemones.

In general, the anemone flower is often associated with death, resurrection, protection, and beauty in different cultures around the world.

---

**중요 단어**

◆ according to ~ ~에 따르면 ◆ attack 공격하다 ◆ wild boar 멧돼지 ◆ weep over ~ ~을 애도하다
◆ spill 흘리다 ◆ nymph 요정, 정령 ◆ pursue 쫓다, 추구하다 / pursuit(추적, 추구)의 동사형
◆ advance (동사) 나아가다 / (명사) 전진, 진보 / 여기서는 구애, 유혹의 뜻으로 쓰였다. ◆ pray to ~ ~에게
기도하다, ~에게 호소하다 ◆ turn A into B A를 B로 만들다 ◆ be associated with ~ ~와 관계있다
◆ crucify 십자가에 매달다 ◆ in general 일반적으로, 대체로 ◆ resurrection 부활, 소생

❶ 시간이 짧은 동사(단속성동사)와 긴 동사(지속성동사)가 같이 나올 때는 긴 쪽을 진행상으로 만든다. 여기서는 hunt의 시간이 attack보다 길어서 hunt를 진행상으로 만들었다. 이에 관해서는 DAY 11~12에서 자세하게 다룰 것이다.

❷ which caused에서 which를 생략하고 원형동사 cause를 ing부정사로 만들었다.

❸ 과거완료상임에 주의한다. 과거완료는 기준시점(여기서는 cause to bloom)보다 먼저 발생한 사건을 지칭할 때 사용한다.

❹ '관계대명사+be동사'는 생략할 수 있다.

나의 번역

While capitalism ❶ <u>has contributed</u> to South Korea's remarkable economic growth, it is ❷ <u>not without</u> its limitations. One of the key limitations is income inequality. ❸ <u>Despite</u> the country's economic success, there is a significant gap between ❹ <u>the rich and poor</u>, with a relatively small number of people ❺ <u>controlling</u> a large portion of the country's wealth. This inequality can lead to social unrest and political instability.

Another limitation of capitalism in South Korea is the focus on short-term profits over long-term sustainability. Companies often prioritize profits over environmental and social responsibility, ❻ <u>leading</u> to environmental degradation and exploitation of workers. This can harm the long-term prospects of the country's economy and its people.

중요 단어

♦ capitalism 자본주의 ♦ contribute to ~ ~에 기여하다, ~에 이바지하다 ♦ remarkable 놀라운, 눈부신, 주목할 만한 ♦ economic growth 경제성장 ♦ limitation 한계, 제약 ♦ income inequality 소득 불균형(불평등) ♦ significant 중요한, 심각한, 의미 있는 ♦ the country's wealth 국부 ♦ prioritize 우선하다, 중시하다 ♦ exploitation 착취 ♦ harm ~에 해를 끼치다 ♦ prospect 전망, 가능성

독해 포인트

❶ 동사가 현재완료상임에 주의한다. 현재완료는 '과거에 발생한 일이 현재에 영향을 미칠 때' 쓴다. 동사의 완료상에 대해서는 DAY 12에서 자세히 설명할 것이다.

❷ not without은 이중부정이며, 따라서 긍정의 뜻이다.

❸ 'despite ~(~에도 불구하고)'는 전치사이므로 뒤에 명사(구)가 온다. 'in spite of ~', 'regardless of ~'와 함께 기억하면 좋다. although, though도 비슷한 뜻이나 접속사이기에 문장이 온다는 점에 주의한다.

❹ 'the+형용사'는 일반적으로 '복수 보통명사'를 뜻한다. the unemployed(실업자들), the British(영국인들)와 같다. the accused(피고), the deceased(고인)처럼 단수 취급을 할 때도 있다.

❺, ❻ which control, which leads를 ing부정사로 썼다. 접속사의 생략에 대해서는 DAY 05에서 자세히 다룰 것이다.

나의 번역

아빠의 번역

**1**  전설에 따르면, 아도니스는 숲에서 사냥하던 중에 멧돼지의 공격을 받아 목숨을 잃었다. 그가 죽어갈 때 아프로디테 여신이 달려와 울자 그의 피가 떨어진 자리에서 붉은 아네모네 꽃이 피어났다.

또 다른 그리스 신화에는 아폴로 신에게 쫓기던 요정 아네모네 이야기가 나온다. 아네모네는 아폴로의 구애를 피할 수 없다는 사실을 깨닫고 아르테미스 여신에게 기도로 도움을 청했다. 아르테미스는 아네모네를 보호하기 위해 꽃으로 만든 다음 숲속에 숨겼다.

기독교 전통에서 아네모네는 예수 그리스도의 십자가 수난과 관계있다. 전설에 따르면, 그리스도가 십자가에 못 박혔을 때 피 한 방울이 땅에 떨어져 붉은 아네모네로 변했다.

아네모네 꽃은 대체로 전 세계 서로 다른 문화권에서 죽음, 부활, 보호, 아름다움과 관계가 있다.

**2**  자본주의는 한국의 눈부신 경제성장에 기여했으나 한계가 없지는 않았다. 가장 중요한 한계는 소득 불평등이다. 경제적 성공에도 불구하고 빈부 격차가 매우 심하며, 상대적으로 소수의 사람이 국부의 상당 부분을 통제하고 있다. 이러한 불평등은 사회 불안과 정치적 불안정을 낳을 수 있다.

한국 자본주의의 또 다른 한계는 장기적 지속가능성보다 단기적 이익에 집중한다는 데 있다. 기업들은 종종 환경과 사회를 향한 책임보다 이윤을 우선시하는데, 이는 환경 파괴와 노동자 착취로 이어진다. 역시 국가 경제와 국민의 장기적 전망에 해를 끼칠 수 있다.

DAY
## 03
접속사①

# 접속사는 생김새로 구분한단다

"아빠, 궁금한 게 있어요."

"그래? 뭔데?"

"어제 어떤 글을 읽었는데, 'Every student ran out of the classroom, didn't he?'라는 문장이 있었어요. every student에는 남학생 말고 여학생도 있을 텐데 왜 대명사가 he예요? every를 단수 취급한다는 건 배운 내용이어서 알고 있고… 그런데 she는 왜 안 되는 거예요?"

그리 쉽지만은 않은 질문이네. 이 경우 he를 굳이 남성으로 볼 필요는 없다고 설명하게 되는데, 그래도 인류의 대표를 굳이 남성으로 설정해야 하나, 이런 의구심을 떨칠 수 없을 거야. 아무래도 인류의 문화, 역사가 남성 중심으로 이루어진 것과 관계있겠지. 모든 것이 남성 중심의 관점에서 기획되고 기록되었을 테니까. 이를테면, man은 남성이자 사람이지만 여성은 woman이라는 별개 단어로 지칭하잖아.

그런 식의 호칭 문제는 우리나라도 별다를 게 없어. 여성은 결혼을 하면 당연히 남자 집의 소유물이 되고, 하인들처럼 여전히 남편 식구들을 서방님, 도련님이라고 부르잖

아. 남성은 시인, 소설가이지만, 여성의 경우는 여류시인, 여류소설가라고 구분해서 부르고. 너도 알다시피, '남성시인'이나 '남류시인' 같은 단어는 없어.

시대가 변하면서 차별과 혐오의 표현들이 사라지고는 있지만 아직 갈 길이 멀어. 다행히 영어도 오래전부터 바뀌고 있어. 예를 들어 fireman은 firefighter로, chairman은 chairperson으로 바꿔 쓰고 있지. 아까 네가 질문한 문장도 이제는 'didn't he?'보다 'didn't they?'로 쓸 때가 더 많아. 과거를 반성하고 개선하기 위한 노력으로 볼 수 있을 거야.

아직 우리 주변에는 차별과 혐오를 드러내는 단어들이 많지만 우리는 아무렇지도 않게 그런 단어들을 사용하고 있어. 처녀작, 처녀비행, 화냥년, 미혼모, 미망인, 벙어리장갑, 꿀 먹은 벙어리, 눈뜬장님, 귀머거리 삼 년, 절름발이 정책 같은 어휘들 말이야. 이거 말고도 많을 테니 너도 누군가와 얘기하거나 글을 쓸 때 조심해야 해. 그중에는 누군가를 아프고 고통스럽게 하는 말도 있을 거야.

**99**

## 접속사의 역할

지난 시간에 어느 문장이든 주어와 동사는 하나이며, 하나뿐이어야 한다는 얘기를 했지? 그 밖의 주어, 동사에는 반드시 '이건 문장의 주어 또는 동사가 아닙니다'라고 표시해줘야 한다고 했어. 그 역할은 접속사, to부정사, ing부정사가 담당하는데, 오늘은 그중에서 근본이라고 할 수 있는 '접속사' 얘기를 할 거야. to부정사와 ing부정사는 접속사에서 파생되었으니 나중에 살펴보기로 하고.

접속사에서 네가 알아야 할 내용은 단 두 가지야.

① 주어와 동사 앞에 붙어 그 문장의 대표주어와 대표동사가 아님을 알려준다.
② 명사, 형용사, 또는 부사로 기능한다.

그러니까 접속사가 있는 문장을 만나면 두 가지 생각을 해야 해. 첫째, 그 문장에 하나밖에 없는 주어와 동사를 찾는다. 그게 문장의 핵심이니까. 두 번째는 접속사가 있는 절의 기능이 무엇인지, 즉 명사인지 형용사인지 부사인지를 재빨리 판단한다. 그래야 전후의 유닛을 연결해서 뜻을 파악할 수 있어. 다음 문장을 보자.

Yet, if we stand back for a longer view, several things become apparent than otherwise go unnoticed.

이 문장을 읽으면서 네가 할 일은, ① if 때문에 이 문장의 대표주어와 대표동사는 we와 stand가 아니라 several things와 become임을 아는 것과 ② if가 이끄는 유닛이 부사절이라는 점을 파악하는 거야. 어떤 문장이든 문장의 핵심은 주어와 동사야. 접속사와 절이 많아서 문장이 복잡할 때도 그 문장의 대표주어와 대표동사를 찾는 게 중요해.

**접속사의 기능은 생김새로 구분한다**

자, 다음 세 문장에서 대표주어와 대표동사를 찾아보자.

① What is important is that body acceptance is being talked about with positivity and support.
② There are things that people should know if they are to read books at all.

③ While my body struggled to regain strength, my mind immediately
started functioning on all cylinders.

방금 연습했으니까 그리 어렵지 않을 거야.

①의 주어는 What is important이고 동사는 is야. body acceptance is 앞에
접속사 that이 있으니까.

②의 주어와 동사는 things와 are이야. there는 문장을 이끄는 부사 정도로 이
해하면 돼. 나머지 주어, 동사 앞에는 that과 if가 있지. read에도 to로 동사
가 아님이 표시되어 있어.

③ my body struggled 앞에 While이 있어. 따라서 my mind와 started가 각
각 주어와 동사여야 해.

reading comprehension은 읽고 난 다음에 다시 해석하라는 뜻이 아니라 글
을 읽으면서(reading) 동시에 이해하라는 뜻이야. 그래서 읽어 내려가며 그
문장의 주어와 동사를 파악하는 일이 중요해. 그리고 중요한 게 또 하나 있는
데, 바로 접속사의 기능이야. 해당 문장에서 접속사를 보고 그 문장이 명사,
형용사, 아니면 부사로 기능하는지 재빨리 알아내야 한단다. 어떻게?

지금까지 대부분의 독해 훈련에서 중요하게 생각한 게 단어, 숙어 등 어휘였
어. 그래서 문장을 이해하기 전에 어휘 공부부터 해야 했지. 다시 강조하지
만, 의미는 어휘가 아니라 구조가 결정해. 문장의 뜻을 이해하려면 어휘보다
구조를 먼저 봐야 한다는 얘기야.

먼저 문장의 주어, 동사를 파악하고, 그다음으로 접속사, 부정사 등 연결사의
기능을 결정해야 해. 그런데 연결사의 기능은 모양, 생김새만으로 파악할 수
있단다. 단어나 숙어를 몰라도 그 문장의 연결사가 어떻게 기능하는지, 다시
말해서 접속사가 이끄는 문장, 또는 부정사의 기능이 명사인지 형용사인지 부
사인지를 얼른 판단하는 거야.

표를 보면서 얘기하자.

| 명사절 접속사 | 형용사절 접속사 | 부사절 접속사 |
|---|---|---|
| who(whose, whom), which | who(whose, whom), which | |
| what, how, why, whoever, whatever, whichever | | |
| that | that | that |
| when, where | when, where | when, where |
| If(=whether) | | if |
| | | while, because, as if, although(though), lest, unless, even if 등 |

어때, 뭔가 잡힐 것 같아?

일단 몇 가지 눈에 보이는 특징부터 살펴보자.

① that, when, where를 제외하면 명사절, 형용사절 접속사와 부사절 접속사가 겹치는 부분은 거의 없어.

② that을 제외하면 명사절 접속사와 형용사절 접속사는 모두 의문사로 되어 있어.

③ that을 제외하면 형용사절 접속사는 모두 'w~'로 시작하고 명사절 접속사는 'w~'에 how 하나가 더 있지?

그래, 일단 이렇게 정리하자. that, when, where는 따로 설명하기로 하고.

① 명사절, 형용사절의 접속사는 모두 의문사로 되어 있다.

② 부사절은 명사절, 형용사절과 모양 자체가 다르다.

부사절은 모양 자체가 달라서 구분하기가 쉬워. 그리고 각 접속사마다 고유의 뜻이 있으니 그 뜻대로 따르면 돼. 그거야 어휘 문제이니 하나하나 알아가면 될 거야. 예를 들어 이런 식이야.

while ~ 하는 동안
because ~ 때문에
as if 마치 ~처럼
although ~에도 불구하고

문제는 명사절 접속사와 형용사절 접속사야. 모양이 비슷하거나 똑같지만 모양을 보고 구분해야 하니까. 모양을 보고 그 성격을 이해하려면 형용사절, 즉 관계대명사와 관계부사를 먼저 공부할 필요가 있겠다.

**부사절 접속사 that, 명사절 접속사 that, 형용사절 접속사 that**

일단 그 전에 부사절 접속사로서의 that부터 얘기하고 넘어가자. 아까 아빠가 그랬지? 부사절 접속사는 생김새부터 다르다고. 그래, 부사절 접속사로 쓰는 that은 여타의 부사절 접속사처럼 모양도 다르고 고유의 의미가 있단다.

자, 아래 문장들을 보자.

① His plan was so complicated that it floored his listeners.
② I will send it now so(that) you will get it tomorrow.
③ She has such a talent for painting that her artwork always amazes me.

④ Now that I have graduated, I can start looking for a job.

⑤ His argument was flawed in that it failed to consider all the relevant facts.


여기서 that은 부사절 접속사인데, 단독이 아니라 so, such, now, in과 함께 쓰였어. 이런 점에서 형용사절, 명사절에서의 that과는 구분이 돼. 그러니 그에 따라 의미만 파악하면 되는 거야.


① so A that B 매우 A 해서 B 하다

   그의 계획은 너무 복잡해서 듣는 사람들을 아연하게 했다.

② A so that B A 해서 (그 결과) B 하다 / that은 생략할 수 있으며, so that을 in order that으로 대신할 수 있다.

   지금 보내면 내일 받을 것이다.

③ such A that B 뜻은 ①과 같으나 쓰임이 약간 다르다.

   그녀의 재능이 너무 좋아 그림을 보면 늘 감탄하고 만다.

④ now that ~ 한 이상

   이제 졸업했으니 일자리를 찾아볼 수 있다.

⑤ in that ~라는 점에서

   관련 사실들을 제대로 확인하지 못했다는 점에서 그의 논지는 결함이 있다.


이해가 가지? 일단 여기까지는 이렇게 이해하도록 하자.


① 명사절, 형용사절 접속사는 의문사로 되어 있다.

② 부사절 접속사는 명사절, 형용사절과 생김새가 다르며 어휘마다 고유한 뜻이 있다.

얘기가 너무 길어지는 것 같은데, 오늘은 부사절까지만 하고 다음 시간에 형용사절, 명사절을 만드는 접속사에 대해 다시 다루기로 하자. 이제 부사절은 구분할 수 있겠지?

다음 문장을 읽으며 주어와 동사를 찾아보세요.

Watching the movie, I noticed the actor's facial expressions and gestures, and I appreciated the director's vision and the writer's dialogue, in order to understand the story and the characters.

Watching the movie, I noticed the actor's facial expressions and gestures, and I appreciated the director's vision and the writer's dialogue, in order to understand the story and the characters.

주어는 I, 동사는 noticed이다.

**2**

The book, which I borrowed from the library, was written by an author whose novels I always enjoy reading, and it kept me engrossed until the very end.

The book, which I borrowed from the library, was written by an author whose novels I always enjoy reading, and it kept me engrossed until the very end.

주어는 The book, 동사는 was written이다.

**3**

The fear that climate change will have catastrophic consequences for future generations motivates scientists to find sustainable solutions.

The fear that climate change will have catastrophic consequences for future generations motivates scientists to find sustainable solutions.
주어는 the fear, 동사는 motivates이다. that climate change will have catastrophic consequences for future generations는 the fear를 수식한다.

**4**

Whoever wins the election, which is still too close to call, and whatever policies they implement, which could have a significant impact on the economy, will affect the lives of millions of people.

Whoever wins the election, which is still too close to call, and whatever policies they implement, which could have a significant impact on the economy, will affect **the lives of millions of people.**
주어는 Whoever wins the election, which is still too close to call, and whatever policies they implement, which could have a significant impact on the economy, 동사는 will affect이다.

Together, the preposition and its object form a prepositional phrase, which adds more information to the sentence.

Together, the preposition and its object form a prepositional phrase, which adds more information to the sentence.

주어는 the preposition and its object, 동사는 form이다.

## 아빠의 번역

1 나는 영화를 보며 배우의 표정과 몸짓에 주목하고 감독의 비전과 작가의 대사를 감상하며 스토리와 캐릭터를 이해했다.

2 그 책은 도서관에서 빌렸는데 평소 즐겨 읽던 소설가의 책이라 끝까지 몰입할 수 있었다.

3 기후변화가 미래 세대에 치명적인 결과를 초래하리라는 두려움에 과학자들이 자극을 받아 지속가능한 해결책을 모색하고 있다.

4 이번 선거는 여전히 박빙이다. 다만 누가 당선되든, 어떤 정책을 시행하든 경제에 큰 충격을 줄 수 있으며, 수백만 명의 삶에도 영향을 미칠 것이다.

5 전치사와 목적어가 함께 전치사구를 형성하면 그 문장에 더 많은 정보를 더해준다.

다음 문장에서 부사절 접속사를 찾고, 번역해보세요.

While he was driving home, he suddenly realized that he had left his phone at the office. so he quickly turned around and drove back to retrieve it.

While he was driving home, he suddenly realized that he had left his phone at the office. so he quickly turned around and drove back to retrieve it.

while ~: ~ 하는 동안 / so (that): 그래서

He realized while he was studying, that what he really wanted was to work in a field that was both challenging and fulfilling, which he hoped would lead to a successful career.

He realized while he was studying, that what he really wanted was to work in a field that was both challenging and fulfilling, which he hoped would lead to a successful career.

while ~: ~ 하는 동안, ~ 하는 반면

**3**

I was surprised in that she spoke fluent French without ever living in a French-speaking country.

I was surprised in that she spoke fluent French without ever living in a French-speaking country.
in that ~: ~라는 점에서

**4**

The mountain was so close that I could almost touch it, which was an incredible feeling.

The mountain was so close that I could almost touch it, which was an incredible feeling.
so A that B: 매우 A 해서 B 하다

**5**

After the team had won the championship, they were ecstatic that they had achieved their goal, which they had been working towards for months.

After the team had won the championship, they were ecstatic that they had achieved their goal, which they had been working towards for months.

after ~: ~ 한 후에

아빠의 번역

1. 차를 몰고 귀가하던 중, 문득 사무실에 휴대폰을 두고 왔다는 사실을 깨닫고 그는 황급히 차를 돌려 휴대폰을 찾으러 돌아갔다.
2. 그가 공부하며 깨달은 사실은, 자신이 진심으로 도전적이면서도 성취감을 느낄 수 있는 분야에서 일하고 싶으며, 이를 통해 성공적인 커리어를 쌓고자 한다는 것이다.
3. 놀랍게도 그녀는 프랑스어권 국가에 살지 않으면서도 프랑스어를 유창하게 구사했다.
4. 산이 너무 가까워서 거의 손에 닿을 것 같았는데, 정말 경이로웠다.
5. 우승을 차지한 후, 팀은 몇 달 동안 노력해온 목표를 달성했다는 사실에 환호했다.

밑줄 친 부분에 주의하여 다음 글을 읽되, 특히 접속사의 기능(명사, 형용사, 부사)에 집중해보세요.

Quantum mechanics is a branch of physics ❶ <u>that</u> deals with the behavior of particles at a very small scale, such as atoms and subatomic particles. ❷ <u>It</u> describes ❸ <u>how</u> these particles interact with each other and with energy, and it has revolutionized our understanding of the physical world. In quantum mechanics, particles exist in multiple states simultaneously, and they can exist in a state of superposition ❹ <u>until</u> they are observed or measured. This means ❺ <u>that</u> particles can appear to be in two places at once, or they can be connected across vast distances in a phenomenon called entanglement. Quantum mechanics also introduces the concept of uncertainty, ❻ <u>which</u> means ❼ <u>that</u> we can't know the precise location or velocity of a particle at any given moment.

중요 단어

• quantum mechanics 양자역학 • branch 갈래, 분야 • physics 물리학 • deal with ~ ~을 다루다 • behavior 행동, 활동 • particle 입자 • scale 규모, 저울 • subatomic particle 아원자 입자 • interact with~ ~와 상호 작용을 하다 • revolutionize 혁신을 일으키다 • multiple 다양한, 복수의 • simultaneously 동시에 • superposition 중첩 • observe 관찰하다, (법 따위를) 준수하다 • measure 관측하다 • phenomenon 현상 • entanglement 얽힘 • introduce 소개하다, 도입하다 • uncertainty 불확실성 • location 위치 • velocity 속도

(독해 포인트)

❶ 앞의 문장이 주어, 동사, 보어를 모두 갖췄으므로 that이 이끄는 절은 형용사절이다.

❷ quantum mechanics를 지시하는 대명사. 글을 읽으면서 대명사가 어느 명사를 대신하는지 꼭 확인해야 한다.

❸ how는 명사절에서만 쓰이는 접속사다.

❹ until은 부사절 접속사, 전치사로 쓰이며 '~까지'의 의미를 지닌다.

❺, ❼ means의 목적어가 필요하므로 명사절이다.

❻ 앞 문장이 주어, 동사, 목적어를 모두 갖춘 문장이므로 형용사절 접속사다.

---

## 나의 번역

**2**

As I sit here in my dimly lit room, ❶ <u>pondering</u> the chaos ❷ <u>that</u> has engulfed the once serene lands of Ukraine, I am filled with a deep sense of foreboding. The war ❸ <u>that has erupted</u>, the violence that has erupted, the blood that has been spilled - it all seems senseless, yet inevitable. The question ❹ <u>that</u> plagues my mind is why? Why has this war broken out, leaving a trail of destruction in its wake? The answer lies in the greed and lust for power ❺ <u>that have plagued humanity since time immemorial.</u> The Ukrainian war is ❻ <u>not a spontaneous event, but rather a culmination</u> of years of political, economic, and social unrest.

(중요 단어)

• dimly 어둡게 / dim(어두운)의 부사형 • lit 불 켜진 / light(밝히다)의 분사형 • ponder 곰곰이 생각하다
• chaos 혼란, 혼돈 • engulf 삼키다, 휩쓸다 • serene 고요한 • be filled with~ ~로 가득 차다
• foreboding 불길한 예감 • violence 폭력 • erupt 분출하다, 터지다, 터뜨리다 • spill 뿌리다 •
inevitable 불가피한 • plague 오염시키다, 괴롭히다 • break out 발생하다, 터지다 • trail 흔적 •
destruction 파괴, 파멸 • in its wake 그 여파로, 그 뒤를 이어 • lie in~ ~ 안에 있다 • greed 탐욕
• lust 갈망 • time immemorial 태고 • spontaneous 자발적인 • culmination 정점, 절정 •
unrest 동요, 불안

(독해 포인트)

❶ and I ponder에서 접속사, 주어를 생략하고 원형동사 ponder를 ing부정사로 만들었다. ing부정사에 대해서는 DAY 06에서 자세히 다룰 것이다.

❷ 앞 문장이 갖춘 문장이므로 that은 형용사절 접속사다.

❸, ❹ 선행사를 수식하므로 형용사절 접속사다. has erupted가 현재완료상임에 주

의한다. 과거부터 지금까지의 의미를 담고 있다.

❺ that은 형용사절이다. 'since'가 '~ 이후로'의 의미로 쓰일 경우 동사는 현재완료 상으로 한다.

❻ 'not A but B'는 'A가 아니라 B다'의 뜻으로 해석한다.

---

## 나의 번역

## 아빠의 번역

**1**  양자역학은 물리학 분야이며, 원자와 아원자 입자 같은 매우 작은 규모의 입자의 활동을 다룬다. 양자역학은 입자들이 어떻게 다른 입자들, 그리고 에너지와 상호 작용하는지 설명하며, 물리 세계에 대한 우리 이해를 혁신적으로 바꿔놓았다. 양자역학에서 입자들은 복수의 상태로 동시에 존재하며, 관찰 또는 측정하기 전까지 중첩 상태로 존재할 수 있다. 즉, 동시에 두 곳에 존재하는 것처럼 보이거나, 이른바 얽힘 현상으로 먼 거리에 걸쳐 연결될 수 있는 것이다. 양자역학은 또한 불확실성이라는 개념을 도입했는데, 이는 특정 순간에 입자의 정확한 위치나 속도를 알 수 없다는 뜻이다.

**2**  어둑한 방에 앉아, 과거 고요하던 우크라이나 땅을 삼켜버린 혼란을 생각하자니 매우 불길한 예감이 밀려든다. 전쟁이 발발하고, 폭력이 난무하고, 피가 흘렀다. 이 모든 것이 무의미하면서도 불가피한 일만 같다. 마음을 괴롭히는 의문 하나. 도대체 왜? 왜 전쟁이 일어나 그 길마다 파멸의 상흔을 새겨놓았을까? 그 해답은 권력에 대한 탐욕과 갈망이리라. 태곳적부터 인류를 괴롭혀온 욕망. 우크라이나 전쟁은 자연 발생적 사건이 아니라, 오랜 세월 정치적, 경제적, 사회적 불안이 정점에 닿은 것이다.

60

## DAY **01**    유닛

- 주어와 동사가 각각 하나씩인 문장을 유닛이라고 부른다.
- 유닛은 의미의 최소단위다.
- 아무리 긴 문장이어도 유닛 단위로 끊으면 쉽게 읽을 수 있다.
- 끊어 읽지 않는 구문은 끊어 해석하지 않는다.
- 접속사는 유닛과 유닛의 관계를 결정한다.

## DAY **02**    영어문장의 구조①

- 영어는 형식이 의미를 결정하는 언어다.
- 모든 영어문장은 주어와 동사가 하나씩만 있다.
- 접속사, to부정사, ing부정사의 역할은 문장의 주어와 동사를 하나씩만 있게 하는 것이다.
- 영어의 5형식

  1형식: 주어(**S**) + 동사(**V**)

  2형식: 주어(**S**) + 동사(**V**) + 보어(**C**)

  3형식: 주어(**S**) + 동사(**V**) + 목적어(**O**)

  4형식: 주어(**S**) + 동사(**V**) + 간접목적어(**IO**) + 직접목적어(**DO**)

  5형식: 주어(**S**) + 동사(**V**) + 목적어(**O**) + 목적보어(**OC**)

## DAY **03**    접속사①

- 접속사는 주어와 동사 앞에 붙어서 그 문장의 대표주어와 대표동사가 아님을 알려준다.
- 접속사는 명사, 형용사 또는 부사로 기능한다.
- 접속사가 있는 문장을 만나면 먼저 그 문장의 대표주어와 대표동사를 찾는다.
- 접속사가 있는 절의 역할(명사, 형용사, 부사)을 파악한다.
- 명사절, 형용사절의 접속사는 모두 의문사로 되어 있다.

• 부사절은 명사절, 형용사절과 생김새가 다르다.

• 접속사의 종류

| 명사절 접속사 | 형용사절 접속사 | 부사절 접속사 |
|---|---|---|
| who(whose, whom), which | who(whose, whom), which | |
| what, how, why, whoever, whatever, whichever | | |
| that | that | that |
| when, where | when, where | when, where |
| If(=whether) | | if |
| | | while, because, as if, although(though), lest, unless, even if 등 |

• 부사절 접속사 that은 보통 아래와 같이 세트로 쓰인다.

**so A that B** 매우 A 해서 B 하다

**A so that B** A 해서 (그 결과) B 하다

　　　　　(that은 생략 가능하며 so that을 in order that으로 대신할 수 있다.)

**such A that B** 뜻은 'so A that B'와 같으나 쓰임이 약간 다르다.

**now that~** ~ 한 이상

**in that~** ~라는 점에서

형용사절과 명사절은 같은 식구란다

"아빠, 챗GPT 같은 AI가 발달하면서 번역가라는 직업도 위험해졌다는데 아빠는 어떡해?"

"하하, 아빠가 실직할까 봐 걱정돼?"

"그럼 아니겠어? 딸이니까 당연히 걱정되지."

글쎄다. 언젠가는 변화가 있겠지만 아직은 아니야. 그리고 아빠같이 문학을 전문으로 하는 번역가는 아무리 기계 번역이 발달해도 대체하기 쉽지 않을 거야. 아이러니, 패러독스, 유머와 같은 인간 고유의 감수성을 AI가 이해하기는 어려울 테니까.

변화야 어쩔 수 없겠지. 이미 AI 번역기와 윤문만으로 만든 도서가 나오고 있기도 하고. 기계 번역이 크게 발달하면 우리 번역가들은 번역 대신 기계가 해놓은 번역을 원문과 대조해가며 오류를 찾아내고 우리 언어로 윤문하는 일을 하게 되지 않을까? 기계의 보조 역할자로 전락하는 셈이지. 그런 일은 번역가보다 편집자가 잘하니까 편집자에게 어느 정도 언어능력을 요구하게 될 수도 있겠네.

그런데 어디 위기의 직업이 번역뿐일까? 기술이 발달하면 사라지는 직업도 있고 새로 나타나는 직업도 있는 법이야. 아빠는 어렸을 때 활판인쇄공이었는데 옵셋인쇄가 등장하면서 그 직업은 사라져버렸어. 지금은 또 그 자리를 컴퓨터와 프린터가 대신하고. 그러고 보니 아빠는 멸종 위기 직종 전문 노동자였네. 하하.

AI가 발달한다고 일자리가 사라지는 것만은 아니야. 덕분에 새로운 직업도 생겨나겠지. 직종의 탄생과 소멸 시기가 점점 짧아지기도 할 거야.

너도 어느 직종에 첫발을 디딜지 모르겠다만 어디서든 챗GPT 같은 AI의 위협에 대비할 필요는 있을 거야. 자칫 입지가 흔들릴 수도 있으니까. 부디 AI에 휘둘리는 대신 AI를 딛고 좀 더 비상할 수 있으면 좋겠다.

아무튼 AI가 진화하고 AI 번역이 발달한다 해도 우리 인간은 언어를 배우고 지식을 쌓아야 해. 그게 인간이 해야 할 일이니까. 파파고, 딥엘이 아무리 번역을 잘해도 그것이 네가 영어공부를 하지 않을 이유는 되지 못해. 무엇보다 챗GPT의 학습 데이터 중 영어는 92퍼센트에 달하지만 한국어는 0.19퍼센트에 불과하단다. 인공지능에게 영어로 질문해야 더 정확하고 풍부한 대답을 얻을 수 있다는 뜻이니, 네가 영어를 공부해야 하는 이유는 충분하지. 그러니 아빠 직업 걱정하기 전에 네 영어실력부터 되돌아보렴. 자, 공부하자.

"

## 형용사절에서 선행사를 생략하면 명사절

부사절 접속사는 이해했지? 형용사, 명사와는 모양 자체가 다르고 단어처럼 각각 고유의 뜻이 있다고 했어. that도 부사절 접속사로 쓰일 때는 독립적으로는 쓰이지 않아.
오늘 할 얘기는 형용사절과 명사절의 접속사야.
결론부터 얘기하자면, 명사절은 형용사절의 선행사를 생략한 구조라고 보면 돼.

명사절에만 쓴다는 접속사 how와 why를 보자.

This is how we solve complex problems in mathematics.
I missed the bus this morning, and that is why I was late for work.

과거에는 how와 why도 형용사절 접속사로 쓰였어. 이런 식으로.

\*This is **the way how** we solve complex problems in mathematics.
\*I missed the bus this morning, and that is **the reason why** I was late for work.

그런데 이런 문장에서는 선행사가 the way와 the reason만 가능하니까 의미가 중복되지. 그래서 지금은 둘 중 하나만 쓰도록 한 거야. how 대신 the way를 써도 되고 why 대신 the reason을 써도 되지만 둘 다 쓰지는 못 해. 그런 의미에서 when과 where도 다르지 않아.

**(The time) when** I was in college was one of the most exciting periods of my life.
The coffee shop on the corner is **(the place) where** I go to read and relax.

how, why와 마찬가지로 이 경우에도 둘 중 하나를 생략해도 상관없어. 어차피 의미가 중복되니까. 다만 how, why처럼 무조건 생략하지는 않는데, 왜냐하면 when과 where는 선행사가 the time, the place 말고도 많기 때문이야. 'I still cherish the memories of the summer when I traveled to Europe.' 이나 'The office where I work is located in the city center.' 같은 문장의

the summer나 the office를 봐. 이처럼 구체적이거나 특정한 장소, 시간이 선행사일 경우 오히려 선행사를 생략하면 의사 전달에 문제가 발생하지.

이런 식으로 형용사절에서 특별하거나 구체적이지 않은 선행사는 생략할 수 있는데, 그렇게 선행사를 생략한 절이 바로 명사절이 되는 거야. 따지고 보면 명사절 접속사로만 쓰는 whatever, whoever처럼 '~ever'가 있는 단어들 역시 형용사를 생략하거나 형용사와 결합한 형태인 거지. 풀어서 써보면 이런 식이 되겠지? 문맥이나 문장구조에 따라 조금씩 달라지기는 하겠지만.

wherever = any place where

whenever = any time when

whichever = anything which

## 모양으로 형용사절과 명사절 구별하기

이제 네가 한번 생략하거나 결합해봐.

① I'll never forget *the time when* I met my best friend for the first time in kindergarten.

② I can't remember *the beach where* my family and I like to spend our summer vacations when I was young.

③ You can choose *any book which* you want to read first.

본론으로 들어가보자. 아빠가 그랬지? 절은 모양으로 구분해야 한다고. 문장을 이해하기 위해 주어와 동사를 찾는 것처럼 그 절이 명사, 형용사, 부사 중어떤 기능을 하는지 구조만 보고 알아내야 해.

문제를 풀어보니 어때? 모양이 달라 보이지 않아? ①번 문제를 확인해볼까?

① I'll never forget the time / when I met my best friend for the first time in kindergarten.

I'll never forget / when I met my best friend for the first time in kindergarten.

이렇게 유닛으로 구분해서 둘을 비교해보는 거야. 각 문장의 첫 번째 유닛을 따로 봐봐.

❶ I'll never forget the time

❷ *I'll never forget

뭐가 다를까? ❶은 '주어+동사+목적어'를 다 '갖춘 문장'이지만 ❷는 forget의 목적어가 없는 이른바 '못 갖춘 문장'이야. 영어는 형식을 중요시하니까 형식을 채워야겠지? 즉, 접속사 앞의 유닛이 갖춘 문장이면 그 뒤의 절은 형용사절, 못 갖춘 문장이면 그 뒤의 절은 명사절이야. forget의 목적어가 명사여야 하니까. 이렇게 정리하면 되겠다.

갖춘 문장 / 형용사절
못 갖춘 문장 / 명사절

나머지 두 문제도 그렇게 판단하면 돼.

② I can't remember the beach / where my family and I like to spend our summer vacations when I was young. (where 이하는 형용사절)

I can't remember / where my family and I like to spend our summer vacations when I was young. (where 이하는 명사절)

③ You can choose any book / which you want to read first.

(which 이하는 형용사절)

You can choose / whichever (book) you want to read first.

(which 이하는 명사절)

접속사의 기능은 이렇게 정리할 수 있을 거야.

> **부사절** 접속사의 모양이 다르며 각각 특유의 뜻이 있다.
>
> **형용사절** 접속사 앞의 유닛이 갖춘 문장이며, 선행사를 수식하는 방식으로 해석한다.
>
> **명사절** 접속사 앞에 선행사가 없으며 절이 주어 또는 목적어, 보어 역할을 한다.

## 모든 독해는 절의 기능을 찾는 데서 시작한다

절의 기능을 파악해야 하는 이유는 독해에 꼭 필요하기 때문이야. 그 절이 명사인지, 형용사인지, 부사인지 알아야 각 유닛을 어떻게 연결하고 파악할지 결정할 수 있으니까. 부사라면 접속사가 이끄는 대로 해석하고, 형용사라면 접속사 앞의 선행사를 수식하는 방식으로 해석하고, 명사라면 주어나 목적어(보어)로 취급해야 해.

모든 독해는 여기서 시작한단다.

문장의 구조를 한눈에 파악하는 문제도 마찬가지야. 얼마나 빨리 절의 기능을 파악하느냐, 그에 따라 독해 능력도 발전하지. 자, 연습 한번 해보자. 다음 문장들을 유닛으로 읽으면서 얼마나 빨리 절의 기능을 파악할 수 있는지 확인해보는 거야.

① Even though he had a lot of experience, he was still nervous because he was interviewing for his dream job.

② Wilson firmly believed that he was beloved by those who knew him intimately.

③ John looked to see what effect his words had on the young man but sees none.

④ Whichever team wins the game will advance to the playoffs.

①은 비교적 쉽지? even though와 because는 의문사로 된 접속사가 아니고 모양도 다르니까.

②도 어렵지 않을 거야. that 앞의 유닛이 못 갖춘 문장이잖아. believed의 목적어가 없으니까 that은 명사절 접속사야. 다만 who 앞의 문장은 갖춘 문장이니까 who는 형용사절 접속사야. 따라서 그 절이 those라는 선행사를 수식해야겠지.

③과 ④는 어때? 쉽게 풀 수 있을 텐데? 지난번에 what과 whichever는 명사절에서만 쓴다고 했으니까. ④의 경우 Whichever team wins the game을 빼면 못 갖춘 문장이 되니까 명사절 중에서도 목적절이 아니라 주절이 되겠지. 명사는 동사 앞에서는 주어, 뒤에서는 목적어(또는 보어)가 되니까.

자, 접속사와 절의 구분은 일단 여기까지 하자. 하지만 앞으로도 문장이 나올 때마다 눈여겨봐야 할 거야.

다음은 to부정사와 ing부정사를 얘기해볼 거야. ing부정사라는 개념은 아직 낯설지? 학교에서는 동명사, 분사, 분사구문 같은 식으로 배웠을 거야.

전에도 말했지만 to와 ing 역시 절과 같은 식구란다. 모든 언어는 줄어들려는 속성이 있는데 그로 인해 태어난 아이들이지. 틀림없이 색다르고 재미있고 중요한 공부가 될 거야. 아빠가 장담해.

다음 문장을 읽으며 접속사의 기능(명사, 형용사, 부사)을 최대한 빨리 파악하고, 번역해보세요.

What she wants, who is passionate about art, is the painting that she saw in the museum, although it was raining outside, before the museum closed.

What she wants, who is passionate about art, is the painting that she saw in the museum, although it was raining outside, before the museum closed.

what은 명사절에서만 쓸 수 있다. who가 she를 지칭하므로 이 문장에서는 형용사절 접속사다. What she wants is the painting은 갖춘 문장이므로 that은 형용사절 접속사여야 한다. although와 before는 부사절에서만 쓰는 접속사다.

While some may fear that AI will replace human jobs and render us obsolete, others argue that it will enhance our abilities and create new opportunities.

While some may fear that AI will replace human jobs and render us obsolete, others argue that it will enhance our abilities and create new opportunities.

while은 부사절에서만 쓰는 접속사다. some may fear가 못 갖춘 문장이므로 that

은 명사절 접속사다(that이 명사절일 경우 선행사 the fact가 생략된 형태로 본다).
뒤의 that절 역시 argue의 목적어이므로 명사절 접속사다.

**3**

The car, which had been parked in the garage for years, was finally sold
to a collector who appreciated its vintage design and engineering.

The car, which had been parked in the garage for years, was finally sold
to a collector who appreciated its vintage design and engineering.
The car가 선행사이므로 which는 형용사절 접속사, The car was finally sold to a
collector가 갖춘 문장이므로 who 역시 형용사절 접속사다.

**4**

Although she had never been on a cruise before, she was excited to go
on a trip that would take her to exotic destinations around the world,
where she could experience new cultures and cuisines.

Although she had never been on a cruise before, she was excited to go
on a trip that would take her to exotic destinations around the world,
where she could experience new cultures and cuisines.
although는 부사절에만 쓰이는 접속사다. she was excited to go on a trip이 갖춘
문장이므로 that은 형용사절 접속사다. where는 the world를 수식하므로 형용사절

접속사다.

Abstract nouns are nouns that refer to concepts, ideas, or emotions that are not physical or tangible. Although they are usually not used as common nouns, there are some instances where abstract nouns are used as common nouns.

Abstract nouns are nouns that refer to concepts, ideas, or emotions that are not physical or tangible. Although they are usually not used as common nouns, there are some instances where abstract nouns are used as common nouns.

Abstract nouns are nouns가 갖춘 문장이므로 that은 형용사절 접속사이고, 그 다음 that도 concepts, ideas, or emotions를 수식하므로 형용사절 접속사다. although는 부사절 접속사이고, there are some instances가 갖춘 문장이므로 where는 형용사절 접속사다.

6

The doctor explained how the medication worked, why it was necessary, and when we should take it, so that we could follow the instructions correctly.

The doctor explained how the medication worked, why it was necessary, and when we should take it, so that we could follow the instructions correctly.

how는 명사절에만 쓰이는 접속사다. and로 연결되는 why, when도 명사절 접속사이고, so that은 부사절에만 쓰이는 접속사다.

### 아빠의 번역

1. 미술 애호가인 그녀가 원하는 것은 언젠가 비 오는 날 미술관이 문을 닫기 전 그곳에서 본 그림이다.

2. AI가 인간의 일자리를 대체하고 인간을 쓸모없는 존재로 만든다는 우려가 있는가 하면, 인간의 능력을 향상시키고 새로운 기회를 창출할 것이라고 주장하는 이들도 있다.

3. 그 자동차는 수년간 차고에 처박혀 있다가 수집가에게 팔렸다. 마침내 빈티지 디자인과 엔지니어링을 높이 평가받은 덕이었다.

4. 한 번도 크루즈에 타본 적은 없었지만, 그녀는 여행을 떠날 생각에 들떠 있었다. 이번에는 전 세계 이국적인 여행지에 들러 새로운 문화와 요리를 경험할 수 있을 것이다.

5. 추상명사는 개념, 아이디어 또는 감정을 나타내는 명사이므로 물질적이거나 실체적이 아니다. 일반적인 사례는 아니지만, 추상명사가 보통명사로 사용되는 경우도 있다.

6. 약이 어떻게 작용하는지, 왜 필요한지, 언제 복용해야 하는지 의사가 설명해주었기 때문에 지침을 올바르게 따를 수 있었다.

밑줄 친 부분에 주의하여 다음 글을 읽되, 특히 접속사의 기능에 집중해보세요.

❶ <u>The backlash against feminism</u> can foster negative attitudes towards women ❷ <u>by framing</u> feminist concerns as unfounded or exaggerated. This can contribute to the normalization of sexism and misogyny, ❸ <u>which</u> in turn harms both men and women by perpetuating inequality and perpetuating harmful attitudes about gender roles.

Also ❹ <u>by rejecting</u> feminist ideas about gender equality, the backlash against feminism can limit men's ability to explore and express their own identities outside of traditional gender roles. This may ❺ <u>result in men feeling trapped</u> in a rigid definition of masculinity, ❻ <u>which</u> can have negative consequences for their mental health and personal relationships.

중요 단어

◆ backlash 백래시, 어떤 변화나 진보에 대한 반발이나 반격(흑인 인권 신장에 대한 화이트 백래시, 페미니즘에 대한 백래시가 유명하다.) ◆ feminism 페미니즘, 남성 중심 이데올로기에 대항하며 사회 각 분야에서 여성 권리와 주체성을 확장하고 강화해야 한다는 이론 및 운동 ◆ foster 촉진하다 ◆ negative 부정적인 / (반대말) positive ◆ attitude 태도 ◆ frame (명사) 액자, 틀 / (동사) 틀에 가두다, 몰아붙이다 ◆ concern 관심, 걱정, 우려 ◆ unfounded 근거 없는 ◆ exaggerate 과장하다 ◆ contribute to ~ ~에 이바지하다, 기여하다 ◆ normalization 정상화 ◆ sexism 성차별주의 ◆ misogyny 여성 혐오 ◆ perpetuate 고착화하다, 영속하다 ◆ inequality 불평등 ◆ harmful 유해한 ◆ gender role 성역할 ◆ gender equality 성평등 ◆ explore 탐구하다 ◆ identity 정체성 ◆ traditional 전통적인 ◆ result in ~ 결과가 ~이 되다 / (반대말) result from ~ ◆ trap (명사) 덫 / (동사) (덫에) 가두다 ◆ rigid 엄격한 ◆ definition 정의, 의미 ◆ masculinity 남성성 / (반대말) femininity ◆ consequence 결과

74

❶ 1960년대와 1970년대에 일어난 여성 자유(Women's Liberation) 운동 이후 1980년대에 the backlash against feminism이라는 개념이 생겨났다. 여성들의 권리와 성평등성을 논할 때마다 빈번하게 나타난다.

❷, ❹ 'by ~ing'는 수단, 방법을 나타내며 주로 '~ 함으로써'라고 이해된다. 'in ~ing'는 '~ 하면서', '~ 하는 과정에서'의 뜻이다.

❸, ❻ 모두 형용사절 접속사다.

❺ in이 전치사이므로 men은 전치사의 목적어로 표현되어 있다. 따라서 feeling trapped는 목적어 men의 목적보어로 이해한다.

## 나의 번역

Hartmut Rosa argues ❶ <u>that</u> our modern society is characterized by a lack of resonance, ❷ <u>as we have become</u> disconnected from the world and the things that matter to us. This ❸ <u>has led</u> to a sense of alienation and disorientation, as we no longer feel a sense of belonging in the world.

To counter this, Rosa proposes that we need to cultivate more resonance in our lives. This can be done by creating opportunities for meaningful engagement with the world, ❹ <u>whether</u> through art, nature, or social relationships. By doing so, we can re-establish a sense of connection and meaning in our lives.

+ argue 주장하다, 다투다 + characterize 특징짓다 + resonance 공명, 공감 + disconnect 단절하다, 끊다 + matter to ~ ~에게 중요하다, 의미 있다 + lead to ~ ~로 이끌다, 결과가 ~이 되다
+ alienation 소외 + disorientation 혼란, 방향감각 상실 + sense of belonging 소속감
+ counter ~ ~에 맞서다, 저항하다 + propose 제안하다 + cultivate 개발하다, 개간하다
+ opportunity 기회 + engagement 약혼, 약속, 관계 + re-establish 재건하다, 회복하다

독해 포인트

❶ 접속사 앞이 못 갖춘 문장이므로 명사절 접속사가 된다.

❷, ❸ 현재완료상으로 표현된 것에 주의한다. 시제와 상에 대해서는 뒤에서 자세히 다룬다. 여기서 as는 '~ 한 이유로'라는 뜻. as는 종종 '이유'와 '때'를 나타내는 접속사로 쓰인다.

❹ 부사절 접속사다. 주로 'whether A or B'의 형태로 나타나며 'A이든 B이든'이라

는 의미다.

나의 번역

아빠의 번역

1️⃣ 페미니즘을 향한 백래시는 페미니스트의 우려를 근거 없거나 과장된 것으로 몰아붙이는 식으로 여성에 대해 부정적인 태도를 조장할 수 있다. 이는 일상적인 성차별과 여성혐오를 고착시킬 수 있는데, 결국 남성과 여성 모두에게 피해를 준다. 불평등을 영속화하고 또한 성역할에 대해 유해한 태도를 고착시키기 때문이다.
또한 페미니즘의 성평등 개념을 거부함으로써, 백래시는 남성의 능력까지 제한할 수 있다. 전통적인 성역할에서 벗어나 자신의 정체성을 탐구하고 표현하는 데 방해가 되기 때문이다. 이로써 남성은 남성성이라는 엄격한 정의에 갇혀 있다고 느낄 수 있으며, 정신 건강과 대인 관계에도 부정적인 결과를 낳을 수 있다.

2️⃣ 하르트무트 로자는 현대 사회의 특징이 공감의 결여라고 주장한다. 그 이유는 우리가이 세상은 물론, 우리에게 중요한 것들에게서 단절되었기 때문이다. 그로써 우리는 소외되고 방향감각을 잃었다고 여기며, 더는 세상에 소속감을 느끼지도 못한다.
이에 맞서기 위해 로자는 우리 삶에서 더 많은 공감능력을 키워야 한다고 제안한다. 세상과 의미 있는 관계를 맺도록 기회를 만들어야 하는데, 그 방법은 예술이든 자연이든 사회적 관계이든 상관없다. 그렇게 해야 우리는 삶 속에서 유대감과 의미를 다시 찾을 수 있다.

# DAY 05

**절과 구**

## 절과 구는 하나야. 따로 생각하면 안 돼

"다시 생각해봐. 그 자리에 문법 요소가 하나 빠졌는데 그게 뭘까?"

"아빠, 그냥 알려주면 안 돼? 이 문제 하나로 벌써 10분째야. 모르겠다는데 왜 자꾸 답답하게."

"하하, 아빠가 답을 알면서 빨리 안 가르쳐준다고 화났어?"

"어차피 알려줄 거 빨리 알려주면 좀 좋아? 시간도 없는데…"

그래, 그러면 시간도 절약되고 진도도 빨리 나가고 좋겠지. 그런데 아빠는 네가 정답을 알기보다 정답을 찾아가는 길을 알았으면 좋겠어.

아빠는 우리 학생들이 너무 정답만 챙기는 것 같아서 걱정이야. 시험에서 고득점을 받고 경쟁에서 이기려면 어쩔 수 없겠지. 하지만 그렇게 서둘러 정답을 찾고 엘리트가 되어 부와 권력을 차지한 사람들에게 실망하는 경우가 요즘 적지 않아.

아빠 생각에 오답을 모르면 정답도 오답이 돼. 오답이 없으면 정답도 없지. 네가 수많은 오답의 진창에서 허우적대다가 겨우 정답을 건진다고 해보자. 그럼 그 오답들까지 모두 정답이 되는 거야. 믿어도 좋아.

아빠는 독학으로 공부했다고 했지? 독학은 성공보다 실패에 대한 이야기야. 정답이 뭔지 알려주는 사람이 없어서 늘 오답 속에서 헤맸고, 결국 기회와 때를 놓치는 경우가 적지 않았어. 그 바람에 동기생들보다 6~7년 늦게 대학에 들어갔지만 아빠는 그 시간들이 아깝지도 부끄럽지도 않아. 많은 실패를 겪었지만 오히려 그 덕분에 더 강해지고 지혜로워졌다고 믿고 있거든.

아빠는 고속도로보다 국도가 좋고, 차 타는 것보다 걷는 걸 좋아해. 고속도로에는 신화만 있고 이야기가 없어. 어디를 달려도 널따란 도로와 소음방지벽, 천편일률적인 휴게소가 반복될 뿐이잖아.

고속도로가 모범생 같다는 생각을 한 적도 있어. 목표를 향해 앞만 보고 달려가니까. 자기 이야기 하나 없이 남의 신화만 좇는 사람들 얘기지. 앞만 보고 가기에는 세상이 너무 넓지 않나? 타인이 닦아놓은 길을 어쩜 저렇게 한눈 한번 팔지 않고 열심히 달려가는지, 원.

세상과 공감하려면 우리 모두 속도를 늦춰야 할 필요가 있을 거야. 독일의 사회학자 하르트무트 로자도 '느림의 경험이 주변 세계와의 공감능력을 키워준다'고 했어.

공부도 마찬가지야. 곧바로 정답으로 달려가기보다 여기저기 엉뚱한 곳을 헤매는 경험이 공부를 더욱 단단하고 굳건하게 만들어줄 거야. 오랜 세월, 실패에 실패를 거듭하면서 배운 지혜란다.

대신 네가 짜증 나지 않도록 조금 더 신경을 쓸게. 그러면 됐지?

자, 이제 공부할 시간이다.

"

## 영어는 줄여 쓰기를 좋아한다

오늘은 질문부터 해야겠다. 이 문장 해석할 수 있을까?

A soldier, run!

모르는 단어는 없지? 어때, 할 수 있겠어? '병사야, 달려라!'? 그래, 대부분 그렇게 대답하더라.

문제는 'a soldier'야. 누군가를 부를 때 쓰는 명사를 '호격'이라고 하는데, 호격에는 관사를 못 붙이거든. 그러니까 일단 틀렸다고 봐야지? 종업원을 부를 때도 "Waiter!"라고 하지, "A waiter!"라고는 하지 않잖아?

답은 나중에 알려주기로 하고… 아, 내가 또 정답을 알려주지 않는구나…. 하하, 일단 넘어가서… 오늘은 그런 얘기를 해볼까 한다. 어떤 언어든 짧아지려는 속성이 있다.

요즘 단어를 짧게 줄여서 말하는 사람이 많아졌지? '얼죽아', '내돈내산', '칼퇴' 같은 말 말이야. 영어도 다르지 않아. 의미나 뉘앙스가 달라지지 않으면 언제든 짧아지려고 한다. 다음 문장을 볼까?

I believe that he is honest.

이제 알겠지만, 이 문장은 접속사 앞이 못 갖춘 문장이야. 그래서 that 이하가 명사절이지. 그런데 이 문장을 줄여서 쓸 수 있을까? 물론이야.

I believe him honest.

이제 기억을 되짚어보자. 이전에 영어의 구조를 얘기하면서 모든 문장에 주어와 동사는 하나뿐이어야 한다고 했어. 그때 얘기했듯이 접속사가 생략되면 그 뒤에 나오는 주어와 동사에는 진짜가 아니라는 표시가 있어야 해. 'He was beloved by those who knew him intimately.' 이 문장에서 접속사 who를 생략하여 *'He was beloved by those knew him intimately.' 이렇게 쓸 수는 없다는 뜻이야. was라는 진짜 동사가 있으니 knew는 어떤 식으로든 동사가 아님을 표시해줘야겠지?

바로 그 역할을 하는 친구들이 'to부정사'와 'ing부정사'야. 지금부터 이 친구들에 대해서 얘기해보려고 해.

## to부정사와 ing부정사

우선 표부터 보자.

|  | 명사 | 형용사 | 부사 |
|---|---|---|---|
| 절 | 명사절 | 형용사절 | 부사절 |
| to부정사 | 명사적 용법 | 형용사적 용법 | 부사적 용법 |
| ing부정사 | 동명사 | 분사 | 분사구문 |

일반적으로 복문, 중문은 주어와 동사가 중복되는 구조여서 가능하면 짧아지려는 경향이 있어. 그래서 나온 게 to부정사와 ing부정사야. '칼퇴근'을 줄여서 '칼퇴'라고 말하면 다시 원래대로 되돌려 말할 때도 '칼퇴근'이 되어야겠지. 마찬가지로 절을 생략할 때 구조와 뜻이 변하면 안 돼. 명사절을 생략하고 to부정사와 ing부정사를 만들었으면, 이 to부정사와 ing부정사는 여전히 명사로 기능해야 한다는 말이야. 형용사절을 생략하면 형용사구가 되어야 하고.

지금껏 우리는 절과 to부정사도 별개의 문법 사항으로 다루었어. ing부정사는 또 동명사, 분사, 분사구문을 따로 떼어 서로 관계가 없는 것처럼 다뤘고. 어쩌면 그래서 영어구문을 이해하기가 더 어려웠는지 모르겠다.

분사구문부터 얘기해보자. 배운 내용이니 이번에는 이해하기가 좀 쉬울 거야. 너도 부사절을 생략해서 분사구문 만드는 법은 배웠지? 그럼 어디 해볼까?

① 접속사를 생략한다.

② 주어가 같거나 일반주어일 경우 생략한다.
   (일반주어란 we, they처럼 구체적인 대상이 아니라 형식을 맞추기 위해 넣은 주어를 뜻한다.)

③ 조동사가 있으면 생략한다.

④ 처음 나오는 동사의 원형에 ing를 붙인다.

⑤ 명사절이 아니면 being은 생략해도 좋다.


구조 이해를 위해서라도 중요한 공식이니까 혹시 모른다면 꼭 기억해둬. 예를 들어 이런 식이겠지. 테스트 삼아 다음 문장을 생략해볼까?


If you do not show up tomorrow, you're not going to get the job.


접속사, 주어, 조동사를 생략하고 처음 등장하는 동사 show를 ing부정사로 만들면 이런 문장이 될 거야.


(If you do) Not showing up tomorrow, you're not going to get the job.


이때 if가 없어도 문맥을 살펴보면 충분히 뜻을 이해할 수 있어. 그렇지 않다면 생략은 생각도 못 할 거야. 생략된 문장을 보고 생략되기 전 문장이 어떤 구조였는지 추론해낼 수 있어야 해. 이제 아까 미뤄둔 문제를 생각해볼까?


A soldier, run!


영어문장에서 쉼표가 한 개이면 둘 중 하나야. 아까 말한 호격, 그게 아니면 생략된 유닛이라는 거지. 앞에서 관사 때문에 호격이 되지 못한다고 했지? 그럼 생략된 유닛이야. 역으로 한번 추론해볼까?

접속사가 생략되면 to부정사, 또는 ing부정사가 있어야 해. 그런데 없으면? 그것마저 생략된 걸로 볼 수 있어. 공식 ⑤를 다시 읽어봐. '명사절이 아니면 being은 생략해도 좋다.' 즉, a soldier 앞에 생략된 being을 넣고 그 앞에 주어를 추가하면 되는 거지. 그럼 이 문장의 주어는 뭘까? 이 문장이 명령문이 잖아. 명령문의 주어는 무조건 you. 그래서 그마저 생략된 거야. 이제 문장이 나오지? 'You are a soldier.' 그 앞에 생략된 접속사 if를 붙여보자. 그럼 이런 문장이 나와. 'If you are a soldier, run!' 즉, '네가 병사라면, 포기하지마!' 정도의 의미가 될 거야. 미국 전쟁영화에 많이 나오는 'Ready, fire!'도 마찬가지야. '(When you are) ready, fire!' 즉, '준비됐으면 사격하라!'

**명사절과 형용사절도 생략할 수 있다**

그런데 지금껏 우리가 오해하고 있는 사실이 있어.
저 공식은 분사구문을 만드는 절, 즉 부사절뿐 아니라 명사절, 형용사절까지 모든 절을 생략하는 데 적용된단다. 명사절, 형용사절도 당연히 생략할 수 있고 저 공식이 똑같이 적용돼. 자, 해볼까?

She decided that she would take a break from work to travel.

that 앞의 유닛이 못 갖춘 문장이니까 that절은 당연히 명사절이겠지? 앞에 나온 공식을 대입해서 생략하면 'She decided ~~that she would~~ (to) take a break from work to travel.'이므로 'She decided to take a break from work to travel.'이 될 거야. 왜 taking이 아니라 to take가 되는지는 다음 시간에 알려줄게. 일단 둘 다 마찬가지라고 생각하자. 그런데 다음 문장은 어

떨까?

She decided that he could ask her for a referral.

앞 문장은 주어가 같았는데 지금은 다르네? 그럼 생략을 못 하는 거 아닌가? 그래도 어디 한번 해볼까?

*She decided ~~that~~ he ~~could~~ (to) ask her for a referral.

that 생략, 조동사 could 생략, 그다음 처음 나오는 동사 ask 앞에 to를 붙인 것까지는 좋은데… 어딘가 이상하지? 그래, he를 그냥 저렇게 둘 수는 없어. 대명사는 동사 앞에서는 주격, 뒤에서는 목적격이어야 해. 지금은 ask에 동사가 아니라는 표시가 붙어서 to ask가 되었으니 대명사 he는 decided라는 동사 뒤에 있다고 봐야 해. 당연히 목적격으로 바꿔야겠지?

She decided him to ask her for a referral.

원리는 이해하겠지? 그럼, 공식을 조금 응용해볼까?
다음 문장들을 생략해서 to부정사나 ing부정사로 만들어보자.

① There was no money which was left in my purse.
② It is difficult that I speak English fluently as a second language.
③ As they were excited to start their first day of school, the children
   woke up early and got dressed quickly.
④ I'd like to suggest that you seek professional help to deal with your
   anxiety.

차근차근 순서대로 하면 그리 어렵지 않을 거야. 일단 답을 보면서 설명하기로 하자.

① There was no money ~~which was~~ left in my purse.
② It is difficult (for) me ~~that I~~ (to) speak English fluently as a second language.
③ ~~As they were~~ Excited to start their first day of school, the children woke up early and got dressed quickly.
④ I'd like to suggest ~~that~~ your seek(ing) professional help to deal with your anxiety.

어때, 네가 생각한 결과와 같아?

① There was no money left in my purse.

이건 쉽게 풀었지? 관계대명사를 없애고, 형용사절이니까 being 또는 to be 역시 생략했어.

② It is difficult for me to speak English fluently as a second language.

for me가 의외였을까? that을 생략하고 speak 앞 대명사를 목적격으로 만든 것까지는 배운 대로지? 문제는 It is difficult였을 거야. 2형식의 갖춘 문장이기 때문에 목적어 me를 받을 수 없으니까. 목적어가 올 수 없는 자리에 목적어가 오려면 전치사가 들어가서 충돌을 막아줘야 해. 이 경우엔 for를 써야 하고. 영어는 구조가 중요하니까.

③ Excited to start their first day of school, the children woke up early and got dressed quickly.

어렵지는 않았을 거야. 이 문제를 넣은 이유는 분사나 분사구문을 ing부정사로 분류했을 때 종종 과거분사를 문제시하는 사람들이 있기 때문이야. 과거분사는 ing가 없다는 얘기지. 하지만 없는 게 아니라 숨은 거야. 형용사, 부사는 수식어일 뿐 문장의 구성 성분(명사, 대명사)이 아니니까 to be나 being을 굳이 드러낼 필요가 없어. 그래서 명사절이 아니면 생략할 수 있고, 생략할 수 없는 ing부정사 명사는 동명사라는 이름으로 살아남았지.

④ I'd like to suggest your seeking professional help to deal with your anxiety.

왜 'I'd like to suggest you to seek professional help to deal with your anxiety.'라고 하지 않을까? suggest는 to부정사가 아니라 ing부정사를 받는 동사이기 때문이야. 그런데 그걸 어떻게 구분할까? 그 얘기는 다음 시간에! 아주 재미있는 수업이 될 거야. 믿어도 좋아.

다음 문장의 밑줄 친 절을 생략하여 ing부정사로 만들어보세요.

**Although they were from different backgrounds,** they became good friends.

|바른 표현| (Although) From different backgrounds, **they became good friends.**

접속사, 동일 주어를 제외하고 첫 동사를 ing부정사로 만든다. 부사절, 형용사절에서 being은 생략할 수 있으므로 From different backgrounds 가 된다. 다만 문맥에 오해의 여지가 있는 경우, 접속사는 생략하지 않아도 좋다.

**2**

She doesn't love ice cream, **because she knows it's not good for her health.**

|바른 표현| She doesn't love ice cream, knowing it's not good for her health.

because와 중복되는 주어인 she를 생략한다. 첫 동사인 know를 knowing으로 바꿔 ing부정사를 만들 수 있다.

**3**

Do you mind <u>that I invite my friend to join us for dinner?</u>

[바른 표현] Do you mind my(me) inviting my friend to join us for dinner?
명사절 접속사 that은 생략하고, 주어는 다르므로 생략하지 않는다. 첫 동
사 invite를 동명사 inviting으로 바꾼 다음, 명사 앞에서 대명사는 소유격
이므로 my inviting으로 쓴다. 또는 I를 목적어로 바꾸고 inviting을 보어
로 생각해도 문법상 하자가 없으므로 me inviting으로 쓸 수도 있다.

**4**

The report <u>which was written by the company's top analyst highlighted
several potential issues with the new product launch.</u>

[바른 표현] The report written by the company's top analyst highlighted
several potential issues with the new product launch.
관계대명사 which를 생략하고 was도 being으로 바꾼다. 형용사절이므
로 being도 생략할 수 있다.

**5**

<u>After he examined the test results,</u> the doctor suggested <u>that the patient
revisit the hospital for further tests.</u>

바른 표현 > Examining the test results, **the doctor suggested** the patient
revisiting the hospital for further tests.

부사절이므로 접속사와 동일 주어 he를 생략하고 examined를
examining으로 바꾼다. 또 that절이 명사절이므로 the patient revisit
을 the patient revisiting으로 바꾼다.

**아빠의 번역**

1 배경은 서로 다르지만 그들은 좋은 친구가 되었다.
2 그녀가 아이스크림을 좋아하지 않는 이유는 건강에 좋지 않다는 사실을 알기 때문이다.
3 저녁 식사에 친구를 초대해도 될까?
4 그 보고서는 회사의 최고 분석가가 작성했으며 신제품 출시와 관련해 몇 가지 잠재적
문제를 지적했다.
5 검사 결과를 검토한 다음 의사는 환자에게 병원에 다시 와서 추가 검사를 받으라고
제안했다.

다음 ing부정사 구문을 생략하기 전의 절로 복원해보세요.

**1**

Do you mind <u>my using your computer to check my email?</u>

바른 표현 > Do you mind that I am using your computer to check my email?

명사절이므로 접속사 that을 복원하고 my using을 I am using으로 바꾼다.

**2**

<u>Excited,</u> he would sometimes forget to eat and end up skipping meals.

바른 표현 > When he was excited, he would sometimes forget to eat and end up skipping meals.

동일 주어 he와 생략된 being을 복원하고 문맥에 맞추어 when, if 등의 부사절 접속사를 넣어준다.

**3**

She insisted on his trying the exotic fruit <u>discovered on her travels.</u>

바른 표현 > She insisted on his trying the exotic fruit which was discovered on her travels.

형용사구이므로 접속사 which를 되살리고, 생략된 ing부정사 being 또는 having been을 was 또는 had been으로 바꿔준다.

**4**

<u>No bus left to take them to the nearest town,</u> the tourists were stranded in the middle of nowhere.

바른 표현 ▷ Because there was no bus left(=Because no bus was left), the tourists were stranded in the middle of nowhere.

주어가 달라서 no bus는 두고 being만 생략한 형태일 수도 있으나 여기서는 there was가 생략된 문장이 더 자연스럽다. 'there+be동사'도 부사절에서 생략할 수 있다.

**5**

On a rainy day, the boy imagined <u>him in a desert, traveling</u> on a camel and exploring the vast sandy terrain.

바른 표현 ▷ On a rainy day, the boy imagined that he was in a desert, where he was traveing on a camel and exploring the vast sandy terrain.

that, he, was 모두 생략할 수 있다. 뒤의 문장에는 문맥에 따라 접속사 where를 넣었다.

**아빠의 번역**

1. 네 컴퓨터로 내 이메일을 확인해도 될까?
2. 그는 흥분할 때면 가끔 식사를 잊고 끼니를 거른다.
3. 그녀는 여행 중 이국적인 과일을 만나면 그에게 꼭 먹어보도록 한다.
4. 인근 마을로 데려다줄 버스가 없어서 관광객들은 오지 한가운데 발이 묶이고 말았다.
5. 비 오는 날이면, 소년은 낙타를 타고 광활한 모래 지형을 탐험하는 상상을 했다.

밑줄 친 부분에 주의하여 다음 글을 읽어보세요.

❶ <u>Loving someone or being loved</u> is a feeling ❷ <u>that is hard</u> to put into words. It is a feeling that can bring so much joy and happiness, ❸ <u>while also providing</u> a sense of security and comfort. Love can be expressed through various actions, such as holding hands, cuddling, or simply spending time together. By loving and being loved, we experience many benefits ❹ <u>that can enhance our overall well-being.</u> ❺ <u>Loving someone,</u> our brains release oxytocin, a hormone that ❻ <u>helps us feel</u> more relaxed and less stressed. This hormone is also responsible for creating a sense of calmness, which can ❼ <u>help us feel</u> more secure and confident.

---

중요 단어

◆ put into words 말로 표현하다 ◆ various 다양한 ◆ such as ~ ~와 같은, 예를 들어 ◆ cuddle 껴안다, 포옹하다 ◆ benefit 혜택, 이득, 보조금 ◆ enhance 높이다, 키우다 ◆ relaxed 느긋한 ◆ responsible for ~ ~에 책임이 있다 ◆ confident 확신하는, 자신감 있는

---

독해 포인트

❶ ing부정사의 명사형, 즉 동명사이며 이 문장의 주어이기도 하다.

❷ that is는 생략이 가능하다

❸ while it can also provide를 ing부정사로 만들었다.

❹ enhancing our overall well-being으로 다시 쓸 수 있다.

❺ When we love someone의 ing부정사형이다. 여기서 we는 일반주어이기도 하지만 주어 our brains와 동일하므로 생략할 수 있다.

94

❻, ❼ help는 사역동사이므로 원형부정사 feel을 받을 수 있다. 사역동사에 대해서는 뒤에서 자세히 다룰 것이다.

나의 번역

Historical materialism provides a theoretical base ❶ <u>from which to explain these conditions and outcomes.</u> Under feudalism, economic exploitation was direct and political, ❷ <u>made possible</u> by the feudal concentration of land ownership. While a few owners reaped the surplus, ❸ <u>many living on their estates</u> worked for subsistence and ❹ <u>disabled people</u> were able to participate in this economy to varying degrees. Notwithstanding religious superstition about disabled people during the Middle Ages, and significant persecution of them, the rural production process that predominated prior to the Industrial Revolution permitted many disabled people ❺ <u>to make a genuine contribution to daily economic life.</u>

중요 단어

◆ historical materialism 사적 유물론 ◆ theoretical 이론적 ◆ outcome 결과 ◆ feudalism 봉건주의 / feudal 봉건적 ◆ exploitation 착취 ◆ concentration 집중 ◆ land ownership 토지 소유 ◆ reap 추수하다 거두다 ◆ surplus 잉여 ◆ estate 토지, 영지 ◆ subsistence 생계 ◆ disabled people 장애인 ◆ participate in ~ ~에 참여하다 ◆ varying 다양한 ◆ notwithstanding ~ ~에도 불구하고(=regardless of, despite) ◆ superstition 미신 ◆ the Middle Ages 중세기 ◆ significant 심각한, 중대한

독해 포인트

❶ we can explain these conditions and outcomes from the theoretical base에서 from the theoretical base가 관계대명사 from which로 바뀌어 앞으로 나갔고, we can이 생략되어 to explain이 되었다. from을 생략하

면 안 된다는 점에 유의한다.

❷ which had been made possible에서 be동사인 having been이 생략되었다.

❸ many (who were) living on their estates의 구문이다.

❹ the disable로 바꿀 수 있다. 'the+형용사'는 복수 보통명사로 쓰이기도 한다.

❺ 허용했기에(permit) 기여했으므로(contribution) ing부정사가 아니라 to부정사가 맞다. 둘의 차이에 대해서는 다음 장에서 자세히 다룰 것이다.

나의 번역

**아빠의 번역**

① 누군가를 사랑하거나 사랑받는 건 말로 표현하기 어려운 감정이다. 사랑은 벅찬 기쁨과 행복을 선사하는 동시에 안정감과 편안함을 주는 감정이다. 사랑은 다양한 행동으로 표현될 수 있는데, 예를 들어 손을 잡거나 포옹을 하거나 그저 함께 시간을 보내는 것이 될 수도 있다. 사랑하고 사랑받으면서, 우리는 웰빙을 누리는 등 수많은 혜택을 경험한다. 누군가를 사랑하면 우리 뇌는 호르몬인 옥시토신을 분비하며 그 덕분에 우리는 더 편안해지고 스트레스를 덜 받을 수 있다. 이 호르몬은 또한 사람을 평온하게 만들고 안정감과 자신감을 높이는 데 도움을 준다.

② 사적 유물론은 이러한 조건과 결과를 설명할 이론적 기반을 제공한다. 봉건주의하에서 경제적 착취는 직접적이고 정치적이었으며, 이는 토지 소유의 봉건적 집중으로 가능했다. 소수의 소유주가 잉여를 거두는 동안, 영지에 거주하는 많은 사람이 생계를 위해 일했으며, 정도의 차이는 있지만 장애인도 경제에 참여할 수 있었다. 중세 시대에 장애인에 대한 종교적 미신과 참담한 박해가 있었다 해도, 산업혁명 이전 농업 중심의 생산 과정에서는 많은 장애인이 일상 경제생활에 실질적으로 기여할 수 있었다.

# DAY

## 06

부정사

# to부정사와 ing부정사는 어떤 차이가 있을까?

"아빠, 나 아빠표 김치찌개 만드는 법 알려줘."

"갑자기 요리는 왜? 라면도 끓여본 적 없으면서?"

"내가 세상에서 제일 좋아하는 음식이 김치찌개인데, 어디 가도 집보다 못해. 나중에라도 해 먹으려고."

아빠는 결혼 후 여성이 반강제로 부엌으로 내몰리는 관습도 못마땅하고, 부엌살림을 경제발전의 보조 도구쯤으로 여기는 사회 풍토도 바뀌어야 한다고 생각해.

다만, 여성이든 남성이든 자기 먹거리 정도는 스스로 요리할 줄 알아야 한다고 봐. 직접 요리해보면 부엌살림이 얼마나 어려운지, 경시 풍조에도 불구하고 가족을 위해 삼시 세끼 밥상을 준비하는 사람들이 얼마나 자신을 희생하는지 깨닫게 될 거야. 밥상 너머에도 사람이 있다는 사실을 잊지 말아야 해.

DIY(Do It Yourself)의 의미와 가치가 그런 것이겠지? 늘 돈으로 서비스와 재화를 구한다면 직접 경험할 기회는 사라지고 말아. 경험해보지 못하면 그 일이 실제로 어떤 것인지 결코 실체를 알지 못할 거야. 무언가를 '개념으로' 아는 것과 '경험으로' 아는 것은 하늘과 땅만큼이나 큰 차이가 있어. 무엇이든 직접 해봐야 자신과 타인을 이해하고 우리가 사는 삶과 환경을 이해할 수 있어.

그런데 요리 배우면서 아빠 잔소리를 참아낼 수는 있겠어?

"왼손을 그렇게 하면 칼에 베이기 딱 좋아. 당근을 말아 쥐듯이 모양을 만들고 칼을 바짝 대야지. 그래야 칼질할 때 힘도 덜 들고 다칠 염려도 없어."

"뒷다리살을 그렇게 두껍게 썰면 퍽퍽하지. 비계 부위를 더 넣고 조금 더 얇게 썰어."

"아니, 아니, 육수 멸치는 그렇게 많이 안 넣어도 돼. 이따가 다시마도 들어가니까."

"고춧가루 한 스푼 넣어. 국물 색이 칙칙하잖아. 모양도 색도 다 맛이야."

99

## 정할 수 없는 동사, 부정사

부정사(infinitive)란 말 그대로 '정할 수 없는 동사'야. 'fin-'은 '정하다'라는 뜻의 라틴어 어근이야. definition, finish, define에도 쓰이지. 그 앞에 반대를 뜻하는 in이 붙어서 infinitive라는 단어가 만들어졌어. infinite, invisible, inability가 같은 예야. 그런데 무엇을 정하지 못한다는 걸까? 부정사로는 인칭도 수도 시제도 알 수가 없는데, 아빠는 이 중에서 시제를 제일 중요하게 봐.

그러니까 부정사는 '시제를 정할 수 없는 동사'인 셈이야. 예를 들어, to do나 doing으로는 시제가 현재인지 과거인지 미래인지 알 수 없어. 과거를 나타내고 싶다고 해서 'to did'나 'diding'과 같이 고칠 수 없다는 뜻이야.

그럼 시제는 누가 정할까? 바로 그 문장에 하나뿐인 동사야. 문장에 하나뿐인 동사가 현재이면 부정사도 현재, 과거이면 부정사도 과거가 돼. 'I want to see a movie.'를 보면 want가 현재이므로 to see도 현재야. 'I wanted to see a movie.'에서는 wanted가 과거니까 to see도 과거를 나타내.

부정사를 과거로 나타내고 싶으면 어떻게 해야 할까? 그럴 때는 'to+완료상'을 쓰면 돼. 즉, 'I want to have seen the movie.' 이렇게 쓰는 거야. 그럼 '예전에' 영화를 보지 못해서 '지금' 아쉽다는 뜻이 돼.

문제는 우리가 to부정사와 원형부정사만 부정사로 인정하고 동명사, 분사, 분사구문은 마치 다른 문법 요소처럼 취급했다는 거야. 과거분사, 과거분사구문에 ing가 없다는 게 이유였을 텐데, 과거분사(구문)에도 ing가 있다는 사실을 지난번에 확인했지.

그럼 원형동사에 to 또는 ing를 붙일 때 둘의 차이는 뭘까? 언제 to를 붙이고 언제 ing를 붙이는 걸까? 왜 목적어 형태가 mind, enjoy는 ing부정사(동명사)만 되고 want, encourage 등은 to부정사만 가능하며, like, try, remember 같은 동사는 둘 다 되는 걸까?

아빠도 과거에는 이걸 to부정사를 목적어로 받는 동사, 동명사를 목적어로 받는 동사… 이런 식으로 암기했는데, 그렇게 하면 쉽게 잊힐 뿐 아니라 시험에 나올 만한 동사만 공부하는 셈이 돼. 영어도 근거를 놓치면 무의미한 암기과목이 되고 말아.

## 중요한 것은 동사의 시점이다

기본적으로 이건 시제의 문제야. 어떻게 설명할까… 그래, ing의 의미부터 생각해보자. ing란 진행의 의미야. 어느 시점에 진행이 되고 있다는 얘기는 사건이 그 시점보다 먼저 일어났다는 말이 되지.

I enjoyed dancing.

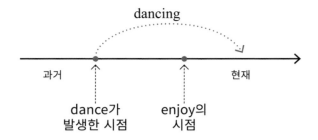

예를 들어 이 문장은 enjoy의 시점보다 먼저 dance가 시작되었다는 것을 보여줘.

이와 반대로 to부정사는 어느 시점의 사건을 계기로 다른 사건이 발생한다는 뜻이야. 시제를 알리는 동사보다 to부정사의 시간이 늦다는 말이지.

I wanted to dance.

이 문장을 보면, 내가 원했고(want) 그 결과가 춤을 추는 행위(to dance)라는 얘기야.

예문을 몇 가지 더 볼까? 뭐가 좋을까… 아, like의 예가 제일 쉽겠다.

① I like working here. 이곳에서 일하는 게 좋아요.
② I like to work here. 여기서 일하고 싶어요.

어때, 차이가 보여? ①은 이미 일을 하고 있는 상태, ②는 아직은 아니지만 취업을 원한다는 뜻이야. 아, 미안. 취업 때문에 고생하는 거 아는데 하필 이런 예를 들었네.

다음 짧은 문장도 해석해볼래?

① I tried to open the door.

② I tried opening the door.

우리는 흔히 'try to ~'는 '~ 하려고 애쓰다', 'try ~ing'는 '시험 삼아 ~ 해보다'라고 암기하는데, 그보다는 상황을 봐야 해.

①은 문이 고장 났거나 잘 열리지 않는 경우야. 즉, try가 먼저 있어야 그 문이 열리거나 안 열리거나 하겠지? 역시 try가 앞선 시점이 돼.

②는 조금 복잡하단다. 문을 열려고 try 하는 게 아니라 문을 연 다음 try 하는 상황이거든. 음, 이렇게 설명해보자. 실내가 답답해. 그럼 뭐든 해봐야겠지? 그래서 문을 먼저 열고 나서 try 하는 거야. '어때, 조금 더 시원해졌어?' 이런 식으로.

똑같은 의미에서 'I tried to wear the glasses.'는 맞지도 않는 안경을 억지로 쓰려고 try 하는 상황이고, 'I tried wearing the glasses.'는 일단 안경을 쓰고 거울을 보면서 안경이 내 시력에 맞는지, 얼굴에 어울리는지 따위를 try 하는 상황인 거야.

중요한 것은 두 동사, 즉 동사와 부정사의 시점을 판단하는 것이지. 어느 쪽이 먼저이고 어느 쪽이 나중인지. 그럼 외우지 않더라도 쉽게 to와 ing를 구분해서 쓸 수 있어.

① I forgot(remember) to turn the stove off.
② I forgot(remember) turning the stove off.

이제 뜻을 추론할 수 있지? ①은 깜빡 잊고(forgot) 그 결과 가스레인지를 끄지 못했다는 뜻이야. 그럼 ②는? 그래, 아빠도 가끔 깜빡깜빡 잊어. 불을 이미 끄고는 껐는지 안 껐는지 잘 기억나지 않는 거야. 어쨌든 가스레인지를 끈 사실이 먼저이고 후에 잊거나 기억했다는 얘기야.

want, wish, hope, decide, determine, manage, propose, refuse, plan, persuade, encourage (to 부정사를 목적어로 취하는 동사)

enjoy, finish, keep, mind, avoid, give up, suggest, risk (동명사를 목적어로 취하는 동사)

기존 문법서를 보면 이런 식으로 나열해놓고 무조건 외우라고 하는 게 대부분인데, 단어 하나하나를 잘 봐봐. 모두 시점과의 관계를 보여주고 있어. suggest, risk 등이 조금 헷갈릴 수 있지만 그건 우리가 영어단어의 뜻에 익숙하지 못해서 그래. suggest는 실제로 'try ~ing'의 try와 같은 의미야. 일단 해보고 판단하자는 뜻이니까. 원리를 이해하면 암기해야 할 게 크게 줄고, 또 응용하기도 쉬울 거야.

## 지각동사와 사역동사

이왕 여기까지 왔으니 지각동사와 사역동사 얘기도 하고 넘어가자.

> **지각동사** see, look at, perceive, feel, hear, listen to 등
> 보고 듣고 느끼는 뜻의 동사
>
> **사역동사** have, let, make, (help)

지각동사야 뜻 그대로이니 더 설명할 필요 없겠지?

사역동사 have, let, make의 차이가 뭔지 아니? 사역동사라는 이름으로 묶여 있지만 이 셋은 차이가 있어. 먼저, have는 보상이나 대가가 따를 때 써야 해. 예를 들어, 미용실에서 머리 손질을 받거나 택시를 탈 때, 또는 심부름할 때도 have를 쓸 수 있어. 대가가 따르는 행동이니까. let은 시킨다기보다는 원하는 걸 하도록 허락할 때 써. 'Let them play.'처럼 놀고 싶은 아이들을 놀

게 해주는 경우가 되겠지. 진짜 사역동사는 make야. 강제한다는 의미니까. make는 하기 싫어하는 일을 강제로 시킬 때 쓰는 표현이야.

알고 있겠지만 지각동사와 사역동사는 원형부정사를 받아. 지각동사와 사역동사가 5형식 문장에 쓰일 경우 동사와 동사가 충돌할 위험이 없거든. 즉, 목적어가 to 또는 ing 역할을 대신하는 셈이야. 예를 들면 다음과 같은 문장들이야.

She saw him look at the sky, amazed by the beauty of the stars. (지각동사)
She made him try new things and step out of his comfort zone. (사역동사)

5형식으로 쓰는 지각동사와 사역동사는 동사와 동사 사이에 목적어가 있기 때문에 굳이 to나 ing를 쓸 필요가 없는 거야.
그런데 사역동사는 특별한 경우가 아니라면 원형동사만 써야 하지만 지각동사는 ing를 쓸 수도 있어. 그러니까 첫 번째 문장은 이렇게 쓸 수도 있어.

She saw him looking at the sky, amazed by the beauty of the stars.

그런데 그 이유를 알 것 같지 않아? 지각동사 saw의 시점에서 볼 때 look은 그 이전부터 진행되어온 사건이야. 그가 하늘을 보고 있어야 그녀가 그 사실을 알 테니까.
사역동사도 생각해보자. 남을 시키는 동사니까 시키는 게 먼저이고, 그로 인해 다른 행동이 나타날 거야.
정리해보면, 지각동사의 원형부정사는 ing가 생략된 부정사이고, 사역동사의 원형부정사는 to가 생략된 부정사란다. 사역동사에 to도 ing도 쓸 수 없는 이유야.
그 차이를 알아야 to부정사와 ing부정사의 차이를 정확하게 이해할 수 있어.

to부정사와 ing부정사에 대해 아빠가 해줄 얘기는 여기까지야. 단어의 쓰임이 익숙하지 않거나 관용적으로 쓰는 표현도 있어서 이 규칙에서 벗어나는 경우도 없지는 않아. 아까 얘기한 suggest 또는 be pleased to, be happy to처럼 감정, 느낌을 나타내는 표현에서 그렇지.

하지만 무조건 외우는 것보다 예외적인 경우만 눈여겨보면 공부가 훨씬 쉬울 거야. 잊지 말아야 할 것은 to부정사와 ing부정사는 그 문장의 동사와 시점을 다투는 문제라는 사실.

다음에는 어떤 얘기를 할까? 이제 대강의 구조 얘기가 끝났으니 유닛 얘기를 할 때가 된 것 같다. 독해를 유닛 순서대로 한다는 말이 어떤 의미인지 알아보자.

다음 문장을 읽고 부정사가 잘못 표기된 부분이 있으면 올바르게 고쳐보세요.

**1**

She was determined <u>to finish</u> the marathon, even if it meant <u>crawling</u> across the finish line.

바른 표현 > She was determined to finish the marathon, even if it meant crawling across the finish line.

마라톤을 끝내기 전에 결심이 필요하므로 to finish가 맞다. mean이 '~을 뜻하다'의 의미일 때는 ing부정사를, '~ 할 생각이다'의 의미일 때는 to부정사를 목적어로 받으므로 crawling도 맞는 표기다.

**2**

The clergy of the church held a meeting <u>discussing</u> the upcoming events.

바른 표현 > The clergy of the church held a meeting to discuss the upcoming events.

회의를 연 다음 향후 문제를 논의해야 하므로 to discuss로 고쳐야 한다.

**3**

<u>To sit</u> in the classroom, the boy imagined that he was at the beach, <u>feeling</u> the warm sun and <u>hearing</u> the sound of the waves.

바른 표현 > Sitting in the classroom, the boy imagined that he was at the
beach, feeling the warm sun and hearing the sound of the
waves.

교실에 앉은 다음 상상했으므로 Sitting이어야 하며, 역시 해변에 가서 느
끼고 들었기에 ing부정사를 쓴 feeling, hearing이 맞다.

**4**

His friends encouraged him to join them on the hiking trip, to hope to
inspire his love for the great outdoors.

바른 표현 > His friends encouraged him to join them on the hiking trip,
hoping to inspire his love for the great outdoors.

격려받은 시점에서 하이킹 여행 합류 여부를 결정해야 하므로 to부정사
를 쓴 to join이 맞다. 합류하기 전에 희망했을 것이므로 hoping을 쓰고,
희망(hope)이 영감을 주는 것(inspire)보다 이른 시점이므로 to inspire
를 쓴다.

**5**

She never expected him proposeing to her in front of all their friends and
family at the restaurant.

바른 표현 > She never expected him to propose to her in front of all their friends and family at the restaurant.

propose보다 expect의 시점이 빠르므로 to propose로 쓴다.

## 6

The company's CEO plans <u>to propose</u> <u>opening</u> a new branch in Asia to expand their market reach.

바른 표현 > The company's CEO plans to propose opening a new branch in Asia to expand their market reach.

plan이 먼저여야 하므로 to propose를 쓰는 것이 맞다. propose가 suggest(제안하다)와 같은 의미로 쓰일 때는 suggest와 마찬가지로 ing 부정사를 받으므로 opening을 쓴다. propose가 intend(~을 의도하다) 의 뜻으로 쓰일 때 to부정사를 받기도 하나, 이는 극히 드물다.

## 7

I feel a strong sense of responsibility <u>to help</u> my people in any way that I can.

바른 표현 > I feel a strong sense of responsibility to help my people in any way that I can.

책임감이 있어야 사람들을 도울 것이므로 책임감을 느끼는 것이 먼저다. 따라서 to help로 쓰는 것이 맞다.

**8**

In that spirit, let's work together <u>achieveing</u> our goals.

바른 표현 > In that spirit, let's work together to achieve our goals.

목표를 이루기 위해서는 먼저 함께 일해야 하므로 to achieve로 쓴다.

**9**

John was looking forward <u>to wash</u> his car, but it rained, he couldn't clean it today.

바른 표현 > John was looking forward to washing his car, but it rained, he couldn't clean it today.

to washing으로 쓴다. to가 전치사로 쓰였다. 이런 경우는 숙어처럼 암기해야 한다.

look forward to ~ing ~ 할 것을 기대하다

be used to ~ing ~에 익숙하다

**10**

<u>To become</u> a better writer, one must first work on <u>to understand and master</u> the art of storytelling.

바른 표현 > To become a better writer, one must first work on

understanding and mastering **the art of storytelling.**

훌륭한 작가가 되는 것은 나중의 일이다. 스토리텔링 기술을 익히는 것이 먼저이므로, understanding, mastering과 같이 ing부정사를 쓴다. 그리고 work on의 on은 전치사다. 전치사 뒤에는 to부정사가 올 수 없다.

아빠의 번역

1. 그녀는 기어서 결승선을 통과하는 한이 있더라도 마라톤을 완주하기로 결심했다.
2. 교회 성직자들은 회의를 열어 다가오는 행사에 대해 논의했다.
3. 소년은 교실에 앉아 지금 해변에서 따뜻한 햇살을 느끼고 파도 소리를 듣는다고 상상했다.
4. 친구들은 그를 자극해 함께 하이킹 여행을 떠나고 그가 대자연에 대한 사랑을 키울 수 있기를 바랐다.
5. 그녀는 그가 레스토랑의 친구들과 가족들 앞에서 프러포즈하리라고는 전혀 예상하지 못했다.
6. 회사의 CEO는 아시아에 새 지점을 설립해 시장 규모를 넓히자고 제안할 계획이다.
7. 나는 강한 책임감으로 회사 직원들을 어떤 식으로든 돕고자 한다.
8. 그 정신으로 함께 노력해 목표를 달성하자.
9. 존은 세차를 할 생각이었으나 비가 와서 오늘 할 수 없게 되었다.
10. 더 나은 작가가 되려면 우선 스토리텔링 기술을 이해하고 익히기 위해 노력해야 한다.

다음 문장을 읽고 밑줄 친 부분을 to부정사, ing부정사, 원형부정사 중 알맞은 형태
로 고쳐보세요.

When I arrived at the office early in the morning, I found him <u>work</u> at
his desk already.

바른 표현 > When I arrived at the office early in the morning, I found him
working at his desk already.
그가 이미 일하고 있는 상태여야 내가 find 할 수 있으므로, working을 쓴
다.

His coach encouraged Thomas <u>push</u> himself harder during training to
improve his performance.

바른 표현 > His coach encouraged Thomas to push himself harder during
training to improve his performance.
앞으로 더 열심히 노력하라고 격려하는 것이므로 to부정사가 맞다.

3

The manager perceived John <u>change</u> his approach to customer service,
which resulted in higher customer satisfaction ratings.

바른 표현> The manager perceived John change(changing) his approach
to customer service, which resulted in higher customer
satisfaction ratings.

perceive는 지각동사이므로, 뒤에 원형부정사 또는 ing부정사가 와야 한
다.

**4**

The first step in solving a complex problem is to spend time <u>understand
and analyze the issue.</u>

바른 표현> The first step in solving a complex problem is to spend time
understanding and analyzing the issue.

시간을 보내는 과정을 이야기하는 것이므로 ing부정사를 쓴다. spend
time ~ing(~ 하면서 시간을 보내다)는 관용 표현이므로 기억해둘 필요가
있다.

**5**

To improve your language skills, it's important to practice <u>listen,
understand, and speak regularly.</u>

바른 표현> To improve your language skills, it's important to practice listening, understanding, and speaking regularly.

연습하는 과정을 이야기하는 것이므로 ing부정사가 와야 한다.

1 아침 일찍 사무실에 도착해보니 그는 이미 책상에서 일하고 있었다.
2 코치는 토마스를 격려해 그가 더 열심히 훈련하여 경기력을 끌어올리도록 했다.
3 관리자가 보니 존이 고객 서비스의 접근 방식을 바꾼 다음, 고객 만족도가 높아졌다.
4 복잡한 문제를 해결하려면 그 첫 단계로 문제를 이해하고 분석하는 데 시간을 투자해야 한다.
5 언어능력을 향상하려면 규칙적으로 듣고 이해하고 말하는 연습을 해야 한다.

밑줄 친 부분에 주의하여 다음 글을 읽어보세요.

As we enter the era of ChatGPT and other advanced technologies, ❶ <u>it is essential for humans to cultivate a mindset</u> that ❷ <u>enables us to adapt</u> to a rapidly changing world. We need ❸ <u>to embrace</u> lifelong learning, creativity, and critical thinking ❹ <u>to stay</u> relevant and competitive in the job market. We must also develop the ability ❺ <u>to collaborate</u> with others and work in this global economy. ❻ <u>Building</u> resilience and the ability to bounce back from setbacks and failures is critical in times of rapid change. Finally, we need ❼ <u>to be</u> aware of the ethical implications of technological advances, and strive ❽ <u>to use</u> technology for the greater good. By developing these key mindsets, we can prepare ourselves ❾ <u>to thrive</u> in the era of chatGPT and beyond, and ❿ <u>help shape</u> a future that benefits everyone.

중요 단어

◆ ChatGPT 챗GPT, 오픈에이아이(Open AI)가 2022년 11월 30일 공개한 대화 전문 인공지능 챗봇
◆ advanced technology 첨단기술 ◆ essential 필수적인 ◆ cultivate 개발하다, 경작하다
◆ mindset 마음가짐 ◆ adapt to ~ ~에 적응하다 ◆ rapidly 빠르게, 신속하게 ◆ embrace 끌어안다, 포용하다 ◆ relevant 적절한, 타당한 ◆ competitive 경쟁적인 ◆ collaborate with ~ ~와 협력하다
◆ resilience 탄력, 회복력 ◆ setback 차질, 시련, 좌절 ◆ be aware of ~ ~을 깨닫다 ◆ ethical 윤리적인 ◆ implication 암시, 함축 ◆ strive to ~ ~ 하려고 애쓰다

독해 포인트

❶ it은 가주어이며 to 이하가 진주어다. 가주어는 주어가 길어서 구조를 쉽게 보기

어려울 때 사용된다. 이 구문의 원형은 it is essential that humans cultivate a mindset이다.

❷ enables that we can adapt to를 생략해 to부정사로 만든 문장이다.

❸, ❹, ❺, ❼, ❽, ❾ 왜 반드시 to부정사여야 하는지 다시 한번 생각해볼 것.

❻ ing부정사의 명사형이므로 이 문장의 주어가 된다.

❿ help가 준사역동사이므로 원형부정사 shape가 올 수 있다. 이 구문은 help ourselves shape에서 ourselves가 생략된 형태다.

나의 번역

**2**

The American Revolution ended convict servitude, and shortly afterward, reformers set out to end the barbarous types of punishment **❶** <u>imposed by the British,</u> especially their zealous use of the death penalty. Thomas Jefferson **❷** <u>had suggested</u> that the death penalty **❸** <u>should be abolished</u> for all offenses except treason and murder, **❹** <u>and replaced with penal slavery.</u> Unlike in pre-Revolution times, this 'slavery' would be administered **❺** <u>by the states</u> rather than by private plantation owners. Early penal reformers believed that forced labor was common sense.

중요 단어

◆ The American Revolution 미국독립혁명 ◆ convict servitude 죄수 노예제 ◆ reformer 개혁가 ◆ set out to ~ ~하기 시작하다 ◆ barbarous 야만적인 ◆ punishment 징계, 징벌 ◆ impose 강요하다 ◆ zealous 열정적인 ◆ death penalty 사형 ◆ abolish 폐지하다 ◆ offense 공격, 범죄 ◆ treason 반역 ◆ replace with ~ ~와 바꾸다, 대체하다 ◆ administer 관리하다, 경영하다 ◆ private 개인, 민간 ◆ plantation 농장 ◆ penal 형벌의 ◆ forced labor 강제노동 ◆ common sense 상식

독해 포인트

❶ which had been imposed에서 which had been이 생략된 형태다. 시제에 주의한다.

❷ 과거완료상임에 주의한다. 과거보다 더 과거에 일어난 일을 뜻한다. 시제에 대해서는 뒤에서 자세히 설명할 것이다.

❸ suggest, propose처럼 '제안하다'의 뜻이 있으면 that절이 '의지가 아님'을 나타내기 위해 가정법 조동사 should를 쓰거나 should를 생략하고 원형동사를 써야

한다. 다만, 현대영어에서는 should의 생략을 원칙으로 한다. 이 문제에 대해서는 DAY 14에서 자세히 다룰 것이다.

❹ and, or는 등위접속사다. 따라서 앞 문장과 구조가 같아야 한다. replaced는 이전 문장의 abolished와 동일 구조이므로 and (the death penalty should be) replaced로 이해해야 한다.

❺ 비교할 때는 대상이 동일해야 한다. 따라서 뒤쪽의 by를 생략하여 by the states rather than private plantation owners 등으로 쓸 수 없다.

---

## 나의 번역

118

아빠의 번역

1️⃣ 챗GPT 및 기타 첨단기술의 시대에 접어들면서, 빠르게 변화하는 세상에 적응하도록 마음가짐을 기르는 것이 필수적이다. 평생학습, 창의성, 비판적 사고를 수용해야 취업 시장에서 관련성과 경쟁력을 유지할 수 있다. 또한 스스로 능력을 개발하여 타인과 협력하고 이 시대의 글로벌 경제에서 일할 수 있어야 한다. 급격한 변화의 시대에 회복탄력성은 물론, 좌절과 실패에서 다시 일어설 능력을 키울 필요가 있다. 마지막으로, 기술 발전에 따른 윤리적 의미를 깨닫고, 보다 큰 선(善)을 위해 기술을 사용하도록 애써야 한다. 이들 핵심 마인드를 개발함으로써 우리는 챗GPT 시대는 물론 그 이후에도 뒤처지지 않고 모두에게 이익이 되는 미래를 만드는 데 도움이 될 수 있다.

2️⃣ 미국독립혁명으로 죄수 노예제가 종식되고, 머지않아 개혁가들이 나서서 영국이 강제한 야만적인 형벌 체계를 정리하기 시작했다. 특히 그간 적극적으로 활용한 사형이 문제였다. 토머스 제퍼슨은 반역죄와 살인을 제외한 모든 범죄에 대해 사형을 폐지하고 형벌 노예제로 대체할 것을 제안했다. 혁명 이전과 달리 이 '노예제'는 민간 농장주가 아니라 주정부가 관리할 것이다. 초기 형법 개혁가들은 강제노동을 상식으로 믿었다.

## DAY **04** 접속사②

- 절의 기능을 파악해야 유닛을 어떻게 연결해서 읽을지 결정할 수 있다.
- 명사절은 접속사 앞에 선행사가 없으며 주어, 목적어, 보어 역할을 한다.
- 형용사절은 접속사 앞에 선행사가 있으며,

  이 선행사를 수식하는 방식으로 해석한다.
- 부사절 접속사는 다른 두 절과 모양이 다르고, 각각 특유의 뜻이 있다.
- 접속사 앞의 유닛이 갖춘 문장이면 그 뒤의 절은 형용사절,

  못 갖춘 문장이면 그 뒤의 절은 명사절이다.

## DAY **05** 절과 구

- 절, to부정사, ing부정사는 각각의 역할에 따라 아래와 같이 구분한다.

|  | 명사 | 형용사 | 부사 |
|---|---|---|---|
| 절 | 명사절 | 형용사절 | 부사절 |
| to부정사 | 명사적 용법 | 형용사적 용법 | 부사적 용법 |
| ing부정사 | 동명사 | 분사 | 분사구문 |

- 분사구문을 만드는 공식은 다음과 같다.

  ① 접속사를 생략한다.

  ② 주어가 같거나 일반주어일 경우 생략한다. (일반주어란 we, they처럼

     구체적인 대상이 아니라 형식을 맞추기 위해 넣은 주어를 뜻한다.)

  ③ 조동사가 있으면 생략한다.

  ④ 처음 나오는 동사의 원형에 ing를 붙인다.

  ⑤ 명사절이 아니면 being은 생략해도 좋다.

- 명사절과 형용사절을 생략할 때도 위의 공식을 그대로 적용한다.

- ing부정사는 진행의 의미를 갖는다.

  따라서 사건이 기준 시점보다 먼저 일어났다는 뜻이다.

- to부정사는 어느 시점의 사건을 계기로 다른 사건이 발생한다는 뜻이다.

  따라서 사건이 어느 시점보다 뒤에 일어난다는 뜻이다.

- 동사와 부정사의 시점을 각각 판단하면 ing부정사와 to부정사를 쓸 자리를 쉽게 구분할 수 있다.

- ing부정사와 to부정사를 각각 목적어로 취하는 대표적인 동사는 다음과 같다.

| ing부정사를 목적어로 취하는 동사 | enjoy, finish, keep, mind, avoid, give up, suggest, risk |
| --- | --- |
| to부정사를 목적어로 취하는 동사 | want, wish, hope, decide, determine, manage, propose, refuse, plan, persuade, encourage |

- 지각동사와 사역동사의 종류는 다음과 같다.

| 지각동사 | see, look at, perceive, feel, hear, listen to 등 보고 듣고 느끼는 뜻의 동사 |
| --- | --- |
| 사역동사 | have, let, make, (help) |

- 지각동사의 원형부정사는 ing가 생략된 부정사이고, 사역동사의 원형부정사는 to가 생략된 부정사다. 따라서 지각동사를 쓸 때는 ing부정사를 쓸 수 있지만 사역동사에는 원형부정사만 쓴다.

# 독해는 유닛 순서대로 해야 한단다

"아빠, 영어공부 중인데 막히는 게 있어."

"그래? 뭔데?"

"그러니까… bring him in은 영어로 되는데 *bring in him은 안 된다는 거야. him을 명사로 하면 둘 다 가능하고. 그런데 왜 그런지는 설명을 안 해줘."

아, 그 얘기. 그래, 오늘 수업은 그 얘기로 시작하면 되겠다.

우스갯소리 중에 '우리말은 끝까지 들어봐야 해.' 이런 말 들어봤지? 우리말만 그런 게 아니라 영어도 그런 경향이 있어.

새롭거나 중요한 정보를 문장 끝에 두면 정보 전달이 훨씬 용이하다는 거지. 그걸 영어로 end focus라고 해. 우리말로는 문미초점. 다음 두 문장을 보자.

The website will provide the users with a free trial of its services.

The website will provide a free trial of its services for the users.

보통은 두 문장이 같은 뜻이라고 말하는데, 꼭 그렇지만은 않아. 왜냐하면 중요한 정보는 문장의 끝에 있으니까. 즉, 첫 번째 문장은 a free trial of its services를 강조한 것이고, 두 번째 문장은 the users를 강조한 것이야. 중요하다고 여긴 항목을 뒤로 보낸 것이지. 무슨 말인지 알겠지? 이제 네가 질문했던 그 문장을 보자.

① Bring Tom ín.
② Bring in Tóm.
③ Bring him ín.
④ *Bring in hím.

마지막 단어의 강세를 염두에 두고 읽어보면, 어떤 차이가 보일 거야. ①은 톰을 안으로, 그러니까 다른 곳이 아닌 안으로 보내라는 뜻이야. 그래서 in에 강세가 있지. ②는 톰을, 그러니까 다른 사람이 아닌 톰을 안으로 들여보내라는 뜻이야.

③은 ①과 그 의미와 같겠지? 그런데 him이 대명사야. 즉, 이미 언급한 명사가 존재한다는 것이지. 따라서 새로운 정보도, 중요한 정보도 되지 못해.

그래서 ④는 성립할 수 없는 거야. 대명사는 새로운 정보도, 중요한 정보도 되지 못하니까 강조를 할 수 없잖아.

나중에 4형식을 배울 텐데, 직접목적어가 대명사일 때 4형식을 쓰지 못하는 것도 그래서야. 예를 들면, *'He gave me it.'이 아니라 'He gave it to me.'라고 써야 해. 대명사는 초점의 대상이 될 수 없기 때문이지.

아빠가 번역 강의를 하면서 '유닛 순서대로 번역하라'고 강조하는 이유도 그래서야. 영어에서 강조하고 싶은 부분이 있어 그걸 문장 맨 뒤로 보냈는데 그 순서를 바꿔버리면 뉘앙스가 달라지지 않겠어? 예를 들면 이런 문장이 그래.

Jimmy was charged $160 per night for a motel room that normally goes for $40.

학생들은 이 문장을 대부분 '지미는 평소 40달러 하는 모텔 숙박료로 160달러를 지불해야 했다.'와 같이 번역하는데, 그건 진술과 강조를 오해한 탓이야.

문미초점으로 보아 이 문장에서 강조하고 싶은 얘기는 '평소 40달러'라는 부분이야. '160달러'가 아니라. 그러니까 이 문장은 이렇게 봐야 해. '지미는 모텔 숙박료로 하루 160달러를 지불해야 했다. 평소에는 불과 40달러였다.' 무슨 뜻인지 알겠지?

오늘 마침 적절한 질문을 해줘서 출발이 순조롭네. 안 그래도 '유닛 순서대로 해석하라'는 얘기를 할 생각이었거든.

"

## 읽는 순서를 바꾸면 의미가 달라진다

영어의 기본 구조에 대해서는 거의 정리한 것 같아. 영어의 구조라는 게 복잡하고 어려운 얘기가 아니야. 책을 읽고 이해하는 데 꼭 필요한 정보를 우선 습득하고, 그 정보와 지식을 바탕으로 책을 읽으면서 그때그때 필요한 문법과 어휘를 익히면 돼.
이제부터는 지금까지 얘기한 '구조가 곧 의미다'를 바탕으로 본격적인 책 읽기를 시작해보기로 하자. 그 전에 지금까지 공부한 영어의 구조를 정리해보는 것이 좋겠지?

① 영어는 '주어부+동사부+서술부'로 이루어져 있다.
② 모든 영어문장에는 주어와 동사가 하나는 있어야 하고, 하나만 있어야 한다.
③ 그 주어와 동사를 제외한 다른 주어와 동사 앞, 또는 뒤에는 반드시 주어와 동사가 아니라는 표시가 있다.
④ 그 표시를 접속사, to부정사, ing부정사가 담당한다.

⑤ 문장 독해를 위해서는 무엇보다 그 문장을 읽으면서 하나뿐인 주어와 동사를 파악해야 한다. 주어와 동사는 늘 문장의 핵심이다.

⑥ 접속사는 생김새, 또는 모양으로 구분한다.

⑦ 접속사, to부정사, ing부정사는 명사, 형용사, 부사로 기능한다.

⑧ 책을 읽고 이해하기 위해서는 해당 접속사, to부정사, ing부정사가 어떤 기능을 하는지 미리 판단하고, 다음 유닛으로 넘어가야 한다.

다시 강조하지만, '독해'는 영어로 'reading comprehension'이야. reading이 진행상인 것은 '읽으면서 이해하라'는 뜻이고, 우리 목표는 책을 읽는 동시에 해독해내는 것이야. 물론 그 전에 단어와 숙어 등 전제해야 할 정보들이 있기는 하지만, 그렇다 해도 꾸준히 유닛 순서대로 읽는 훈련을 할 필요가 있단다. 이른바 구조를 보는 훈련이지.

**유닛 순서대로 읽기, 읽는 것과 동시에 해석하기**

일단 쉬운 문장부터 시작해볼까?

The city, where I grew up, has changed a lot since I left, but it still holds many memories that are dear to me, and I visit it whenever I can.

먼저 요령을 알려줄게.

유닛별로 읽으면서 미리 접속사, to부정사, ing부정사가 명사인지, 형용사인지 부사인지 파악한다.

문장의 주어와 동사를 찾는다.

이제 문장을 유닛으로 나눠보자.

The city, / where I grew up, / has changed a lot / since I left, / but it still holds many memories / that are dear to me, / and I visit it / whenever I can.

여기서는 The city를 읽으면서 where절이 형용사라는 걸 알아야 해. 또 has changed a lot을 읽으면서 since가 부사절이라는 것과 many memories를 읽으면서 that이 형용사임을 알아야 해.

그럼 머릿속으로 그 기능에 따라 문장을 자연스럽게 조합할 수 있어. 어휘를 배워서 그 뜻으로 관계를 알아맞히는 게 아니라 모양을 보고 결정해야 한다는 얘기야. 물론 처음에는 쉽지 않겠지만 하다 보면 금방 익숙해져. 이 문장에서는 주어, 동사가 각각 The city와 has changed라는 것도 놓치면 안 되겠지.

여기서야 우리말로 정리했지만, 독해 과정은 우리말로 바꿀 필요 없이 영어 자체로 이해하면 돼. 번역처럼 번듯하게 다듬을 필요도 없고 심지어 단어의 뜻을 모두 알 필요도 없어. 구문을 이해하면 문맥 속에서 모르는 단어도 자연스럽게 연결될 수 있어.

네가 알아야 할 것은 where절과 that절이 그 앞의 명사를 수식한다는 것과 since, but, and, whenever가 부사절 접속사로서 각각 그 뜻에 따라 앞뒤 유닛을 연결해준다는 것뿐이야.

자, 다음 문장들을 읽으면서 절 또는 구가 어떤 기능을 하는지 모양으로 판단해보자.

① The manager wanted to know who had completed the task, why it had taken so long, and whether there were any issues or challenges, in order to improve the team's performance.

② The book, which I borrowed from the library, was written by an author whose novels I always enjoy reading, and it kept me engrossed until the very end.

③ Running late for the meeting, I grabbed my laptop and my phone, and I rushed out of the door, hoping to catch the bus and to avoid traffic.

①에서는 The manager wanted를 읽으면서 to know가 명사구라는 사실을 알아야 해. want의 목적어가 필요하니까. 마찬가지로 who had completed 도 know의 목적어겠지? 'why ~', 'whether ~'는 and로 연결되어 있으니 모두 who와 같은 기능이고.

이런 식으로 앞뒤 유닛을 연결해서 의미를 판단하는 거야. 다음에 나오는 in order to는 '~ 하기 위하여'라는 뜻이야. to부정사가 부사로 기능할 때는 대개 그런 뜻이지.

②도 마찬가지야. The book을 읽으면서 'which I borrowed ~'가 형용사절임을 파악해야 해. 그래야 which절이 The book을 수식한다는 것도 알 테니까. The book이 주어이고 명사니까 또다시 명사가 올 수는 없잖아.

마찬가지로 whose novels 역시 형용사절이겠지? The book was written by an author가 갖춘 문장이니까. enjoy도 목적어가 필요하니까 reading은 명사여야 해.

③을 보자. Running은 어때? 당연히 부사여야겠지? I grabbed가 주어와 동사니까 주어, 즉 명사는 아니고, 수식할 대상이 앞에 없으니까 형용사 역시 아니야. 그럼 hoping은? 역시 부사여야 해. the door는 무생물이라서 hope가 수식할 수 없고, I rushed out of the door가 갖춘 문장이니까 명사도 아니거든. 또 to catch와 to avoid는 hope의 목적어여야 하니까 명사절이겠지?

이런 식으로 연습하면 금세 익숙해질 거야.

오늘은 여기까지 하자. 잊지 마. 독해는 읽으면서 이해하는 것이야.

다음 시간에는 동사 얘기를 조금 해볼게. 시제와도 관련 있으니 할 얘기가 아주 많단다.

다음 문장을 읽으면서 접속사, to부정사, ing부정사의 기능을 파악해보세요. 그리고 모르는 단어, 숙어를 찾아 번역도 해보세요.

The boy imagined / that he was a superhero, / flying high above the city / and saving people from danger.

The boy imagined / that he was a superhero, / flying high above the city / and saving people from danger.

that절은 명사로, imagine의 목적어다.

flying은 형용사다. 그 앞이 갖춘 문장이기 때문이다.

saving도 형용사다. and가 있으면 앞 문장과 구조가 같아야 한다.

The fact / that she arrived early, / which was surprising to everyone, pleased the host immensely / as he had been anxiously waiting for her and he greeted her warmly / as soon as she stepped through the door.

The fact / that she arrived early, / which was surprising to everyone, pleased the host immensely / as he had been anxiously waiting for her and he greeted her warmly / as soon as she stepped through the door.

that은 명사다. The fact를 수식하지만 동격절은 명사절로 취급한다.

which는 형용사로, The fact를 수식한다.

as는 부사로, 이유를 뜻한다.

as soon as는 부사다.

I don't know / what the future holds / or when the decision will be made, / but I'm confident / that the team, / which has been working tirelessly, will come up with a great solution as soon as possible.

I don't know / what the future holds / or when the decision will be made, / but I'm confident / that the team, / which has been working tirelessly, will come up with a great solution as soon as possible.

what은 명사다. what은 명사절에만 쓰이는 접속사다.

when도 명사다. 등위접속사 or로 연결되기 때문이다.

but은 등위접속사다.

that은 명사, 진목적어다. 원래 문장은 'I'm confident of it that ~'이다. that 앞에 전치사를 쓸 수 없으니까 of와 that 사이에 가목적어 it을 추가했으나 지금은 of it을 생략한 형태로 사용하고 있다. 비슷한 유형으로 'I'm sure that ~', 'I'm afraid that ~' 등이 있다.

which는 형용사로, the team을 수식한다.

I believe / that the key to success is / to keep learning, / to never stop / trying, / and to always be improving oneself, / whether through taking courses or attending conferences.

I believe / that the key to success is / to keep learning, / to never stop /
trying, / and to always be improving oneself, / whether through taking
courses or attending conferences.

that은 명사다. believe의 명사절이다.

to keep은 명사다. is의 보어다.

to never는 명사다. learn의 목적어다.

trying은 명사다. stop의 목적어다.

to (always) be는 명사다. 등위 구조이므로 to keep과 같은 구조다.

whether는 부사다. 명사절 접속사로도 쓰이나, 여기서는 그 앞이 갖춘 문장이므로
부사여야 한다.

The students, / who were exhausted from studying for hours,
were relieved / to finally complete their assignments / by working
collaboratively, sharing ideas, and proofreading each other's work, thus
ensuring / that their papers were error-free and ready to submit.

The students, / who were exhausted from studying for hours,
were relieved / to finally complete their assignments / by working
collaboratively, sharing ideas, and proofreading each other's work, thus
ensuring / that their papers were error-free and ready to submit.

who는 명사다. The students를 수식한다.

to는 부사다. after, when 등의 의미로 사용되었다.

working은 명사로, 전치사 by의 목적어다. by ~ing는 수단과 방법을 나타내며 '~ 함으로써' 정도로 해석된다.

that은 명사로, ensure의 목적어다.

**6**

The CEO, / who is known for her innovative thinking, encouraged her team / to explore new ideas by brainstorming together and conducting market research, / while also emphasizing the importance / of staying focused on their current projects / and keeping their clients satisfied with timely deliveries and excellent service.

The CEO, / who is known for her innovative thinking, encouraged her team / to explore new ideas by brainstorming together and conducting market research, / while also emphasizing the importance / of staying focused on their current projects / and keeping their clients satisfied with timely deliveries and excellent service.

who는 형용사로, The CEO를 수식한다.

to explore는 명사로, encourage의 목적보어다.

while은 부사다. while은 부사절에만 쓰이는 접속사다.

staying은 명사로, 전치사 of의 목적어다.

keeping은 명사다. 등위접속사 and로 연결되므로 staying과 같은 구조다.

**아빠의 번역**

**1**  아이의 상상에 자신은 슈퍼히어로였다. 그래서 도시 위를 날며 사람들을 위험에서 구해주었다.

**2**  그녀가 일찍 도착했다는 사실에 다들 놀랐지만 주인은 크게 기뻐했다. 지금껏 초조하게 기다렸던 터라 그녀가 문을 들어서자마자 따뜻하게 맞이했다.

**3**  미래가 어떻게 될지, 그 결정이 언제 내려질지는 모르겠으나, 분명한 것은 그 팀이 열심히 일했으므로 이제 곧 멋진 솔루션을 내놓을 것이라는 사실이다.

**4**  확신하건대, 성공의 열쇠는 계속 공부하고 도전을 멈추지 않으며 늘 자신을 개발하는 데 있다. 그건 수업을 들을 때도, 회의에 참여할 때도 마찬가지다.

**5**  학생들은 몇 시간 공부하느라 지쳤지만 마침내 과제를 완수하고는 마음을 놓았다. 그들은 함께 노력하고 아이디어를 나누고 서로의 작업을 검토해주고 보고서를 오류 없이 제출할 수 있도록 꼼꼼히 챙겼다.

**6**  CEO는 혁신적인 사고로 유명하다. 그녀는 자기 팀을 격려해 함께 브레인스토밍을 하고, 시장 조사를 진행하여 새로운 아이디어를 탐색하게 했다. 또한 당면한 프로젝트에 집중하며, 신속한 배달과 탁월한 서비스로 고객 만족도를 유지해야 한다는 점을 강조했다.

밑줄 친 부분에 주의하여 다음 글을 읽되, 연결사의 기능에 집중해보세요.

Another important action **❶ <u>we can take</u>** is **❷ <u>to protect</u>** our forests and oceans, **❸ <u>which are crucial</u>** for absorbing carbon dioxide from the atmosphere and regulating the earth's climate. This requires **❹ <u>preserving and restoring</u>** forest ecosystems, as well as reducing deforestation and forest degradation. Similarly, we must reduce pollution and overfishing in our oceans, as well as protect marine habitats and species. **❺ <u>By taking these steps,</u>** we can **❻ <u>help to mitigate</u>** the impacts of climate change and preserve the natural systems **❼ <u>that sustain us.</u>**

중요 단어

◆ protect 보호하다 ◆ crucial for ~ ~에 중요한 ◆ absorb 흡수하다 ◆ carbon dioxide 이산화탄소 ◆ atmosphere 대기 ◆ regulate 조절하다, 통제하다 ◆ ecosystem 생태계 ◆ deforestation 삼림 파괴 ◆ degradation 황폐화, 저하 ◆ pollution 오염 ◆ overfish (물고기를) 남획하다 ◆ marine habitat 해양 서식지 ◆ mitigate 완화하다 ◆ sustain 지탱하다, 지지하다

독해 포인트

❶ 형용사절 접속사 which가 생략된 형태다. (which) we can take

❷ is의 보어이므로 명사 역할을 한다.

❸ 형용사절이므로 our forests and oceans를 수식한다. 이런 경우 which are는 생략할 수 있다.

❹ 명사 기능을 하는 ing부정사로, require의 목적어다.

❺ 전치사와 동명사가 결합하면 부사 기능을 한다.

by ~ing ~ 함으로써

in ~ing ~ 함에 있어서

on ~ing ~ 하자마자

❻ 준사역동사이므로 to를 생략해 help mitigate로 써도 좋다.

❼ 형용사다.

---

## 나의 번역

2

**❶** <u>One reason why English matters</u> in this age of AI is that it is the language **❷** <u>in which</u> most AI technologies are developed and programmed. Many of the top AI research institutions and companies are located in English-speaking countries, and their research and development efforts are primarily conducted in English. Thus, **❸** <u>having a strong command</u> of English is essential for anyone **❹** <u>who wants to work</u> in the AI industry, as it is the language of the field. Moreover, as AI technologies become more sophisticated and widespread, their impact on society and the economy will only grow. In this context, the ability **❺** <u>to communicate effectively in English</u> will be essential for anyone who wants to understand and participate in the debates and discussions about the implications of AI for different sectors of society.

---

(중요 단어)

◆ matter 중요하다, 문제 ◆ AI 인공지능(artificial intelligence) ◆ technology 기술 ◆ research institution 연구기관 ◆ English-speaking countries 영어권 국가 ◆ have a command of ~ ~을 잘 다루다 ◆ essential for ~ ~에 필수적인 ◆ sophisticated 정교한, 세련된 ◆ widespread 널리 퍼진, 광범위한 ◆ participate in ~ ~에 참여하다 ◆ debate 논쟁, 토론 ◆ implication 영향, 결과, 암시

---

(독해 포인트)

**❶** the reason일 경우는 생략하는 게 원칙이나 여러 가지 중 하나임을 강조하기 위해 남겨두었다. 이 경우 생략해도 큰 문제는 없다.

**❷** most AI technologies are developed and programmed in the language의

구문에서 in the language가 관계대명사 in which로 바뀌어 문장 앞으로 이동한 구조다. 이 경우 in을 생략할 수 없다는 것에 유의한다.

❸ 명사형 ing부정사다. 문장의 주어 역할을 한다는 것에 주의한다.

❹ 형용사다. 이 경우 anyone who를 whoever로 바꿔 명사절 접속사로 만들 수 있다.

❺ 형용사다.

---

( **나의 번역** )

**아빠의 번역**

**1** 우리가 취할 수 있는 주요 활동이 또 있다면 바로 숲과 바다를 보호하는 것이다. 대기 중 이산화탄소를 흡수하고 지구 기후를 조절하는 데 중요한 역할을 하기 때문이다. 따라서 삼림 생태계의 보존과 복원은 물론, 남벌과 삼림 황폐화를 줄여야 한다. 마찬가지로, 해양 오염과 남획을 줄이고 해양 서식지와 생물종을 보호해야 한다. 이런 조치를 취해야 기후변화의 충격을 완화하고 자연 시스템을 보존하여 우리 삶을 유지할 수 있다.

**2** AI 시대에 영어가 중요한 이유 하나는, AI 기술 대부분이 개발되고 프로그래밍되는 언어가 영어이기 때문이다. 최고의 AI 연구기관과 기업 중 상당수가 영어권 국가에 위치하고 있으며, 이들의 연구 및 개발 또한 주로 영어로 이루어진다. 따라서 무엇보다 영어를 능숙하게 구사할 줄 알아야 AI 업계에서 일할 수 있을 것이다. 영어가 바로 이 분야의 언어이기 때문이다. 또한 AI 기술이 더욱 정교해지고 광범위해지면서 사회와 경제에 미치는 영향도 더욱 커질 것이다. 이러한 맥락에서 특히 영어를 효율적으로 다룰 수 있어야 사회 각 분야에 AI가 미치는 영향에 대한 토론과 논의를 이해하고 참여할 수 있을 것이다.

## 자동사와 타동사가 따로 있는 것은 아니야.
## 그렇게 쓰일 뿐이지

지금쯤 눈치를 챘겠지만 영어도 결국은 암기과목이란다. 암기할 내용을 가급적 줄여주겠다고 약속하긴 했지만, 그렇다고 단어, 숙어, 표현 방식 암기까지 외면할 방법은 없어. 우리와는 삶의 모습도, 사고방식도 다르니까 아무리 똑같은 상황이라도 그 상황을 표현하는 방식에는 차이가 있을 수밖에 없잖아.

예를 들어, 우리는 수동태를 거의 안 쓰지만 영어에서는 수동태 표현이 자연스러워. 또 영어는 대명사를 선호하고 명사절을 자주 쓰지. 그 밖에도 차이 나는 점은 수도 없이 많아.

그러니 우리 표현을 그냥 영어로 바꾼다고 해서 그게 영어가 되는 건 아니야. 그런 문장을 우스갯소리로 '콩글리시'라고 하지? 결국 그쪽에서 쓰는 방식을 자주 접하고 거기에 익숙해지는 방법밖에 없어. 단어를 쓰는 방식도, 문장을 구성하는 방식도 우리와는 다르기 때문이야.

단어, 숙어를 따로 무조건 외우지 말고, 글을 읽으면서 그 표현에 자연스레 익숙해지라고 하는 이유도 그 때문이야. 그래야 문맥 속에서 단어, 숙어의 정확한 뜻을 이해하고 또 영어문장과도 친해지니까. 억지로 외우려 하기보다 글을 자주 읽는 게 좋아. 그러다 보면 모르는 단어가 나왔을 때 문맥과 구조 속에서 뜻을 짐작할 수도 있어. 아빠가 글 읽는 훈련부터 시작한 이유야.

글을 읽으면서 모르는 어휘가 나오면 그냥 표현만 보지 말고 그 단어의 주변을 함께 익히도록 해봐. 어떤 맥락에서 쓰였는지, 자동사인지 타동사인지, 어떤 전치사와 함께 쓰였는지, 보통명사인지, 아니면 물질명사, 추상명사로 쓰였는지, 이런 정보를 살펴보는 거야. 처음에는 쉽지 않겠지만 이 방법이 다양한 영어표현과 더 쉽게, 더 빨리 익숙해지는 지름길인 건 확실해.

아빠가 처음 대학생이 됐을 때가 생각난다. 호기롭게 영어영문학과에 들어가긴 했지만, 아빠 같은 검정고시 출신이 제일 약한 과목이 영어, 수학이었어. 중학교, 고등학교를 제대로 나온 동기들과 영어시험을 봐야 하는데, 아는 단어도 별로 없고 해석하는 것도 어려웠지.

그래서 어떻게 했는지 알아? 며칠 밤을 꼬박 새우며 시험범위에 있는 문장을 하나도 빼놓지 않고 모두 외워버렸어. 아빠는 암기에 집중해서 학력고사 점수를 높였으니 아마 암기력은 있었던 모양이야. 결국 영어영문학과 1학년 중에서 제일 높은 영어 점수를 받았어.

암기를 두려워하지 않길 바라는 마음에서 하는 얘기야. 두려워서 포기할까 봐. 억지로 외우지는 않더라도 자주 읽고, 자주 부딪치면 돼. 지금은 너도 머리가 제일 좋은 나이 아니겠니? 뭐든 하다 보면 끝은 있게 마련이야. 우리, 지치지 말자!

"

## 동사는 중매쟁이다

오늘은 동사 얘기를 하기로 했지?

그 전에 문장(sentences)의 의미를 한번 생각해볼까? 문장이란 뭘까? 아빠 생각에 문장은 세상에서 발생하는 모든 상황, 사건을 기호화한 거야. 그러니까 문장의 수는 세상사만큼이나 많겠지? 예를 들어, 챗GPT라는 대상이 새로 생기면 그와 관련된 문장도 탄생하는 거야. '챗GPT는 영리해.' 또는 '우리는 챗GPT 이후의 삶에 대비해야 한다.'처럼 말이야.

우리는 우리 중심으로 세상을 살아가니까 우리가 어떤 경험을 하고 어떤 생각을 하느냐에 따라 우리 문장의 수와 성격이 달라질 거야. 그러니까 문장이란 우리가 세상과 관계를 맺는 가짓수를 문자 기호로 바꾼 것들이라고 할 수 있겠지.

그래서 문장은 주어이자 주체(subject), 그리고 목적어이자 객체(object)로 이루어진단다. 예를 들어 '나'라는 주어가 있어. '나'는 세상에 태어나 비로소 세상과 관계를 맺기 시작하지. 그렇게 경험을 늘리고 생각의 씨줄과 날줄을 엮어가면서 '나'라는 주어가 갖는 문장도 늘어날 거야. '나는 엉금엉금 기어다녔다.' 또는 '나는 엄마를 꼭 안았다.'처럼.

그런데 우리는 어떤 식으로 세상과 관계를 맺을까? 주체는 어떻게 대상, 객체와 연결되고 주어는 어떻게 목적어와 이어질까? 그건 바로 '동사'라는 매개를 통해서야. 동사는 우리와 세상을 관계 맺어주는 중매쟁이야.

## 동사의 성격은 문맥이 결정한다

'나'라는 주체 또는 주어가 동사를 매개로 세상과 관계를 맺는 경우의 수는 과연 몇이나 될까? 그러니까 '나'는 어떤 세상들과 어떤 방식으로 관계를 맺을까? 영어에서는 그걸 두 가지로 본단다.

① 내가 나 자신과 관계를 맺는 경우

② 내가 나 자신 이외의 대상과 관계를 맺는 경우

내가 나와 관계를 맺으려면 주어와 술어가 동일해야 하고, 나 이외의 대상과 관계를 맺으려면 서로 달라야 하겠지? 문장으로 보면 이런 식일 거야.

① 주어＝술어

② 주어≠술어

그래서 그 동사를 ①의 경우, '스스로 자(自)'를 써서 자동사(自動詞, intransitive)라 하고, ②의 경우는 '남 타(他)'를 써서 타동사(他動詞, transitive)라고 하는 거야. 그리고 주어와 술어가 동일한지 아닌지는 문맥으로 결정해. 예를 들어 이런 식이야.

① I＝a teacher

② I≠a teacher

문맥으로 보아 내가 교사라면 ＝ 자리에 어떤 동사가 들어가도 자동사여야 하고, 내가 교사가 아니라면 ≠ 자리에는 반드시 타동사가 있어야 해. 다시 말해서 글의 문맥으로 보아 I와 a teacher가 동일인이라면, 'I turn a teacher.'이든 'I see a teacher.'이든 문장을 'I am a teacher.' 아니면 'I become a teacher.'로 이해해야 한다는 뜻이야.

마찬가지로 I와 a teacher가 동일 인물이 아니라면 'I am a teacher.'라고 쓰여 있더라도 우리는 am을 타동사로 받아들여야 한다는 것이지. 물론 현실적으로 불가능한 문장이긴 하지만. 그 동사가 타동사인지 아닌지는 동사 자체가 아니라 문맥이 결정해주는 거야.

## 타동사가 훨씬 많은 이유

그런데 말야, 네가 생각하기에 동사가 자동사로 쓰이는 경우가 많을까, 아니면 타동사로 쓰이는 경우가 많을까? 그래, 당연히 타동사로 쓰일 때가 많겠지? 내가 나와 관계를 맺는 경우보다 나 이외의 대상과 관계를 맺는 경우가 훨씬 많으니까. 세상일을 기호화한 것이 문장이라면, 당연히 동사도 타동사로 쓰일 때가 훨씬 많을 거야.

사전을 보면 동사는 대부분 자동사로도 쓰이고 타동사로도 쓰여. 문제는 자동사일 때와 타동사일 때 그 의미가 달라진다는 거야. 그러니까 주어와 술어의 관계를 보고 동사가 자동사인지 타동사인지를 먼저 파악해야 해.

물론 be, become처럼 자동사로만 쓰이는 동사도 많고, see, know처럼 목적어를 취해야 문장이 완결되는 타동사도 많아. 몇 가지 예를 볼까?

**자동사로만 쓰이는 동사** arrive, exist, die, belong, occur, belong, happen, appear, remain 등

**타동사로만 쓰이는 동사** accomplish, admire, consider, find, give, have, ignore 등

이 동사들이 왜 자동사로만 쓰이는지, 또는 왜 타동사로만 쓰이는지는 동사의 성격을 알면 쉽게 이해할 수 있을 거야. 하지만 아까 얘기했듯이, 영어는 우리와 다른 방식으로 단어를 쓰니까 종종 암기가 필요한 때도 있어. 모든 어휘를 다 이해할 수는 없잖아. 일단 타동사를 이런 식으로 정리해보기로 하자.

① 자동사일 확률보다 타동사일 확률이 비교도 되지 않을 정도로 높다.
② 문맥을 봐서 주어와 술어가 서로 다른 대상이면 타동사다.
③ 타동사가 타동사인 까닭은 나 이외의 대상이 있어야 문장이 완성되기 때문

이다.

④ 언어의 공동 속성에 따라 목적어는 '~을/를'과 같이 해석될 가능성이 크다.

다만 ④는 상대적인 얘기야. 'I am looking at the man.'처럼 자동사도 전치사와 함께 목적어를 데려올 수 있으니까. 오래전 아빠와 함께 영어를 가르치던 선생님이 어느 날 남자친구한테 프러포즈를 받았어. 그런데 남자친구가 카드에 'I want to marry with you.'라고 적어서 그 선생님한테 보낸 거야. 그래서 with에 빨간 줄을 그어 되돌려줬다던데, 아무튼 둘은 결혼해서 행복하게 잘 살고 있단다. 그때 그 남자는 상대가 영어선생이라 아는 척을 하고 싶었던 모양이야. 우리말로 '그대와 결혼하고 싶어요.' 하고 말하면 주어와 목적어가 '을'이 아닌 '와'로 연결되잖아. 그런데 marry는 전형적인 타동사야. 반드시 상대가 있어야 완성되기 때문이지. 이처럼 타동사는 반드시 내가 아닌 다른 상대, 즉 목적어가 있어야 문장이 만들어지는 동사들이야. 앞에서 추려본 타동사들을 보더라도 그렇지 않니? 모두 주어와 술어가 같을 수 없는 단어야. 반대로 자동사는 목적어가 오면 안 될 것 같은 단어들이지.

잘 생각해봐. 그렇다고 암기를 피할 수는 없겠지만.

자, 다음 시간에는 형식에 따라 동사들이 어떻게 변하는지 조금 더 자세히 알아보도록 하자!

다음 문장을 읽고 밑줄 친 동사가 타동사와 자동사 중 어느 것으로 쓰였는지 알아보고, 그 뜻의 차이를 확인해보세요.

❶ The teacher asked the students to <u>attend to</u> the lesson.

❷ I will <u>attend</u> the conference next week.

❶ 교사는 학생들에게 수업에 집중하라고 얘기했다.

　자동사로 쓰였다.

　attend to ~: ~을 경청하다, 귀담아듣다

❷ 나는 다음 주에 회의에 참석하기로 했다.

　타동사로 쓰였다.

　attend: ~에 참석하다

❶ He didn't <u>count on</u> the rain ruining his outdoor plans.

❷ Please <u>count</u> the number of books on the shelf.

❸ Every vote <u>counts</u> in a democratic election.

❶ 비 때문에 야외 활동을 망칠 줄은 몰랐다.

　자동사로 쓰였다.

　count on ~: ~에 의지하다

❷ 책장의 책이 몇 권인지 세어보세요.

　타동사로 쓰였다.

count: 세다

❸ 민주주의 선거에서는 표 한 장, 한 장이 중요하다.

자동사로 쓰였다.

count: 중요하다

❶ I'm afraid we're going to <u>run short of</u> time to finish the project.

❷ She has decided to <u>run for</u> public office in the upcoming election.

❸ The local farmers' market is <u>run</u> by a group of dedicated volunteers.

❶ 아무래도 프로젝트를 마칠 시간이 부족할 것 같아.

자동사로 쓰였다.

run short of ~: ~이 부족하다

❷ 그녀는 다음 선거에서 공직에 출마하기로 마음을 정했다.

자동사로 쓰였다.

run for ~: ~에 출마하다

❸ 현지 농산물시장은 헌신적인 자원봉사자 그룹이 운영한다.

타동사로 쓰였다.

run: 운영하다

❶ The character in the novel was determined to succeed and not end up

<u>dying</u> a poor beggar.

❷ She <u>dies</u> her hair a different color every few months.

❸ The soldier <u>died</u> a hero's death, sacrificing himself to save his comrades.

❶ 소설의 등장인물은 꼭 성공해서 가난한 거지로 죽지 않을 것을 다짐했다.

　a beggar와 the character가 동일인이므로 자동사로 쓰였다.

　die a beggar: 거지로 죽다

❷ 그녀는 몇 개월에 한 번씩 다른 색으로 머리를 염색한다.

　타동사로 쓰였다.

　die: 염색하다

❸ 병사는 자신을 희생해 전사들을 구함으로써 영웅의 죽음을 택했다.

　soldier와 death는 동일인이 아니므로 타동사로 쓰였다.

5

❶ Do you know how to tell if he will <u>make</u> a good chairperson.

❷ Do you know how to tell if he will <u>make</u> a good chair.

❶ 그가 좋은 의장이 될지 어떻게 알 수 있을까?

　'he=chairperson'이므로 자동사로 쓰였고, become의 뜻이다.

❷ 그가 좋은 의자를 만들지 어떻게 알 수 있을까?

　'he≠chair'이므로 타동사로 쓰였다.

다음 문장을 읽고 밑줄 친 부분을 바르게 고쳐보세요.

**1**

She <u>answered to</u> the phone on the first ring.

바른 표현 > She answered the phone on the first ring.
answer는 객체, 즉 목적어를 지향하는 동사로, 타동사이기 때문에 to가 필요 없다.

**2**

The flag <u>rises</u> every morning at the start of the school day.

바른 표현 > The flag is raised every morning at the start of the school day.
깃발이 매일 아침 스스로 올라가지 않으므로 자동사가 아니라 수동태여야 한다.

**3**

She <u>believed</u> the power of positive thinking to bring about change.

바른 표현 > She believed in the power of positive thinking to bring about change.
사랑, 종교 등 관념적인 대상을 믿을 때는 의지를 발휘해야 하므로 자동사로 쓴다.

**4**

Let's sit down and <u>discuss about</u> our differences like adults.

바른 표현 Let's sit down and discuss our differences like adults.

discuss는 타동사이므로 about이 필요 없다. 토론의 대상이 필요하므로
목적어를 지향한다.

**5**

The driver's license I found on the sidewalk <u>had already been expired.</u>

바른 표현 The driver's license I found on the sidewalk had already
expired.

운전면허증은 기간에 따라 자동 만료되므로 자동사여야 한다. 수동태는
타인에 의해 강제되는 상황에서 쓰인다.

**6**

Can you <u>see</u> this document carefully and let me know if there are any
errors?

바른 표현 Can you look at this document carefully and let me know if
there are any errors?

see는 자연스레 대상이 눈에 들어온다는 뜻이고, 의지를 갖고 볼 때는

look at으로 쓰는 것이 옳다. hear와 listen to도 마찬가지다.

**7**

Even after all these years, he <u>remained as</u> a devoted fan of the band.

바른 표현 Even after all these years, he remained a devoted fan of the band.

remain은 보어가 필요한 자동사이므로 as가 생략된다.

**8**

The number of COVID-19 cases <u>has been fallen</u> in recent weeks.

바른 표현 The number of COVID-19 cases has fallen in recent weeks.

The number of COVID-19 cases는 5번 문장의 The driver's license 처럼 스스로 변화하므로 자동사로 쓴다.

**9**

We need to <u>approach to</u> this problem from a different angle in order to find a solution.

바른 표현 We need to approach this problem from a different angle in order to find a solution.

approach는 타동사이므로 to가 없어야 한다.

**10**

The old mansion <u>was belonged to</u> a wealthy family in the 19th century.

바른 표현 The old mansion belonged to a wealthy family in the 19th century.

자동사이므로 수동태가 될 수 없다.

## 아빠의 번역

1 그녀는 첫 번째 벨이 울릴 때 전화를 받았다.
2 매일 아침 학교 문이 열리면서 국기가 게양된다.
3 그녀는 긍정적인 사고가 변화를 만든다고 믿었다.
4 어른답게 앉아서 서로 뭐가 다른지 얘기해보자.
5 운전면허증을 인도에서 주웠는데 이미 면허가 만료된 상태였다.
6 이 문서를 꼼꼼히 읽고 오류가 있으면 알려주시겠어요?
7 오랜 세월 후에도 그는 밴드의 열렬한 팬으로 남아 있었다.
8 최근 몇 주 동안 COVID-19 사례 수가 감소했다.
9 이 문제에 다각도로 접근해서 해결책을 찾아야 한다.
10 이 고택은 19세기 부자 가문의 소유였다.

밑줄 친 부분에 주의하여 다음 글을 읽어보세요.

Did the Pentagon make the right decision? ❶ <u>Taken by themselves,</u> its reasons are unconvincing. In the Iraq War, one of the most common injuries ❷ <u>recognized with</u> the Purple Heart ❸ <u>has been</u> a punctured ear drum, ❹ <u>caused by explosions</u> at close range. But unlike bullets and bombs, such explosions are not a deliberate enemy tactic ❺ <u>intended to injure</u> or kill; they are (like traumatic stress) a damaging side effect of battlefield action. And while traumatic disorders may be more difficult to diagnose than a broken limb, ❻ <u>the injury they inflict</u> can be more severe and long-lasting.

중요 단어

◆ Pentagon 미국 국방부 ◆ make a decision 결정하다 ◆ taken by themselves 자체로만 보면
◆ unconvincing 설득력이 없는, 신빙성이 떨어지는 ◆ injury 부상 ◆ recognize 알아보다, 표창하다
◆ Purple Heart 상이기장(미국에서 전투 중 부상을 입은 군인에게 주는 훈장) ◆ punctured ear drum
고막 파열 ◆ explosion 폭발 ◆ deliberate 신중한, 의도적인 ◆ tactic 전술 ◆ traumatic stress
외상 후 스트레스 ◆ side effect 부작용 ◆ disorder 질병, 질환 ◆ diagnose 진단하다 ◆ inflict (타격
따위를) 가하다 ◆ severe 심각한

독해 포인트

❶ (When they are) Taken by themselves

❷ (which were) recognized with

❸ 상황은 과거이나 현재 상황을 강조하기 위해 현재완료상으로 기술되었다. DAY 12 참고.

❹ (which was) caused by explosions

❺ (which is) intended to injure

❻ the injury (which) they inflict

**2**

Yuval Noah Harari's *Sapiens* is a book that fundamentally altered ❶ the way I view the world. It's one of those rare books that comes along and shakes your core beliefs, ❷ forcing you to reevaluate everything ❸ you thought you knew about human history.

Harari takes us on a journey through the history of humankind, from the emergence of Homo sapiens in Africa to the present day. He delves into the major revolutions that have shaped our species, including the Cognitive Revolution, the Agricultural Revolution, and the Scientific Revolution.

❹ What's so remarkable about *Sapiens* is not just the sheer amount of knowledge ❺ contained within its pages, but the way ❻ in which Harari weaves it all together into a cohesive narrative. He takes complex ideas and distills them down into understandable, relatable language that anyone can grasp.

중요 단어

◆ fundamental 근본적인 ◆ alter 바꾸다 ◆ reevaluate 재평가하다 ◆ take someone on a journey 여정으로 이끌다, 여행에 합류시키다 ◆ emergence 등장, 출현 ◆ delve into ~ ~을 파고들다 ◆ cognitive 인식의, 인지의 ◆ agricultural 농경의, 영농의 ◆ relatable 공감대를 이루는 ◆ grasp 파악하다, 잡다

독해 포인트

❶ how I view the world로 바꿀 수 있다. 단, the way how I view the world는 안 된다.

❷ and forces you to reevaluate의 변형이다. force가 사역의 뜻이기에 reevaluating이 아니라 to reevaluate가 되는 것에 주의한다.

❸ (that) you thought (that) you knew의 구문이다.

❹ 명사절이자 주어다.

❺ (which are) contained within its pages

❻ 관계부사 how, where, when을 in which로 바꿀 수 있다. 여기서는 how의 뜻이다.

---

## 나의 번역

## 아빠의 번역

**1** 국방부 결정이 옳았을까? 그 자체만 본다면 이유에 있어 설득력이 떨어진다. 이라크 전쟁에서 상이기장을 받은 가장 흔한 부상 중 하나가 고막 파열인데, 이는 지근거리에서 폭발물이 터졌기 때문이다. 하지만 총격이나 포격과 달리, 이런 식의 폭발은 살상 행위, 즉 적군이 의도적으로 다치게 하거나 죽이려고 작전을 펼친 것과 거리가 멀다. 그보다는 (외상 후 스트레스처럼) 전투 와중의 불상사에 가깝다. 게다가 외상 후 질병은 골절보다 진단이 어려운 반면 피해는 더 심각하고 장기적일 수 있다.

**2** 유발 노아 하라리의 『사피엔스』는 내가 세상을 바라보는 방식을 근본적으로 바꿔놓은 책이다. 이 책은 매우 보기 드문 자료이며, 여러분의 신념을 흔들고 여러분이 인류 역사에 대해 알고 있다고 생각한 것들을 깡그리 재평가하게 만들 것이다.
유발 하라리는 아프리카에서 호모 사피엔스의 출현부터 현재에 이르기까지 인류의 역사를 살펴보는 여정으로 우리를 이끌어갈 것이다. 유발 하라리는 인지 혁명, 농업 혁명, 과학 혁명 등 우리 인류를 있게 한 주요 혁명에 대해 자세히 설명하고 있다.
『사피엔스』가 놀라운 점은, 책 속에 방대한 양의 지식을 담았을 뿐 아니라, 유발 하라리가 특유의 방식으로 이 모든 것을 짜임새 있는 이야기로 엮어냈다는 데 있다. 그는 복잡한 아이디어를 쉬운 언어로 풀어내 누구나 이해하고 공감할 수 있게 해준다.

# 동사가 형식을 만드는 거란다

"아빠는 야생화가 왜 그렇게 좋아?"

"야생화?"

"응, 봄만 되면 이틀이 멀다 하고 야생화 보러 산에 가잖아."

"맞아, 아빠는 야생화가 좋아. 특히 이른 봄, 산에 피는 야생화를 좋아해. 스토리가 있거든."

"스토리?"

그래, 스토리. 아빠는 산에 가서 꽃을 만나면 꽃들의 얘기를 들어. 너도 들어볼래?

이른 봄꽃은 따뜻한 남쪽보다 추운 북쪽에서 먼저 펴. 복수초 같은 꽃은 1월 초면 꽃을 피우고, 2월이면 변산바람꽃, 너도바람꽃을 시작으로 봄꽃의 향연이 펼쳐지지.

북사면의 봄꽃은 애초에 약자였대. 그래서 따뜻한 남쪽을 커다란 나무와 덩치 큰 꽃들한테 빼앗기고 춥고 척박한 북사면 계곡으로 쫓겨난 거야. 춥고 척박하다는 것은 그만큼 살기 어렵다는 뜻이기도 하겠지? 봄꽃들에게 겨울은 차라리 편안한 잠이었을 거야. 거기에 비해 봄은 살아가기에 혹독하기만 하지. 해도 짧고, 벌, 나비 등 매개 곤충들도 아직 잠에서 돌아오지 않았으니까.

벚꽃이 아름다운 이유는 뭘까? 그래, 겨우내 꽃을 못 봤으니까 반갑기도 할 거야. 그런데 그보다는 잎이 없기 때문이란다. 잎이 있어야 할 자리까지 모조리 꽃이 차지하고 있으니 얼마나 풍성하고 아름답겠어. 이른 봄에 흔히 보는 매화, 산수유, 목련 같은 봄나무들도 잎보다 먼저 꽃을 피우는데, 그렇게 자신을 아름답게 꾸미는 이유는 그렇잖아도 부족한 벌레들을 유혹하기 위해서야. 수정을 해야 하니까.

산에 사는 꽃들도 마찬가지야. 4월이면 북사면 계곡을 활엽수 잎이 가득 메우기 때문에 그 전에 꽃을 피우고 수정을 하고 자손을 남겨야 해. 그래서 느긋한 남쪽보다 서둘러 꽃을 피우는 거란다. 벚꽃처럼 잎보다 꽃을 먼저 피우기도 하고, 꽃받침까지 꽃잎으로 만들어 화려하게 몸을 장식하기도 하고, 체온을 7~8도 끌어올려서 주변의 눈과 얼음을 녹이기도 하면서 말이야. 그야말로 생존을 위해 피눈물 나는 노력을 하는 거야.

700만 년 전 인류가 따뜻하고 풍요로운 고향, 아프리카를 벗어나 유라시아로 떠날 때도 그랬단다. 유라시아는 춥고 일조량도 부족했지. 그래서 인류는 피부색까지 흰색으로 바꾸면서 적응을 해야 했어. 그리고 그 도전 덕분에 화려한 문명을 꽃피울 수 있었지. 생존을 위한 투쟁이 진화로 이어진 거야.

봄꽃이 아름다운 이유는 시련을 이겨내고 자기 스토리를 만들어냈기 때문이야. 비록 약자로 출발했지만 불리한 환경에 맞서 싸운 결과, 지금처럼 아름답게 변했잖니?

산에 가면 아빠는 그런 얘기를 들어. "비록 지금은 나약하고 고되지만 포기하지 않고 싸우다 보면 언젠가는 기회가 올 거야." 그 기회가 왔을 때 네가 놓치지 않기를 바란다.

그러려면 너도 스스로 네 스토리를 만들어야겠지? 남의 이야기를 수동적으로 따라가지 말고 너만의 이야기를, 너만의 길을 만들어나가는 거야.

**"**

## 영어를 읽고 이해하려면 5형식은 기본

영어문장은 반드시 5형식에 따라 구성하고 이해해야 한다고 했던 거 기억나니? 다른 건 몰라도 5형식은 꼭 기억해야 해. 아니면 영어구문을 이해할 수도 만들 수도 없으니까. 영어를 형식에 맞게 쓰고 읽는 건 영어공부의 기본이야.

자동사
- 1형식: 주어 + 동사 (SV)
- 2형식: 주어 + 동사 + 보어 (SVC)

타동사
- 3형식: 주어 + 동사 + 목적어 (SVO)
- 4형식: 주어 + 동사 + 간접목적어 + 직접목적어 (SVIODO)
- 5형식: 주어 + 동사 + 목적어 + 목적보어 (SVOOC)

지난번에 자동사와 타동사 얘기를 했는데, 이렇게 형식을 나누는 이유는 주어가 세상과 관계를 맺는 방식이 각기 다르기 때문이야. 그리고 그 방식을 결정해주는 것이 바로 동사야. 주체는 행위, 즉 동사를 통해서 세상과 이어지니까. 주어의 행위가 자기 자신(subject)을 향하면 자동사이고, 외부 대상(object)을 향하면 타동사가 돼. 자동사는 1, 2형식을 만들고 타동사는 3, 4, 5형식을 만든단다. 그럼 이제 각 동사마다 성격과 쓰임이 어떻게 달라지는지 알아보자.

## 주어의 행동에만 관심이 있는 1형식

1형식은 주어의 행위 그 자체에만 관심이 있어. 그래서 주어와 동사만 있지. '나'를 주어로 한다면, 내가 울고(I cry), 내가 웃고(laugh), 내가 가고(I go), 내가 달리는(I run) 것처럼 말야. 나 이외의 어느 대상과도 연결할 필요가 없어. 내가 울면 'I cry.'이지만 남을 울리면 목적어가 필요하니까 'I make him cry.'처럼 써야겠지. 보어도 목적어도 필요 없으니 'there is'나 'there are'로 시작하는 구문도 1형식으로 보면 돼. 몇 가지 문장을 예로 들어보자.

arrive: 도착하다

We will arrive at the airport in the morning.

sleep: 자다

She sleeps for eight hours every night.

laugh: 웃다

The children laughed at the funny story.

sneeze: 재채기하다

He sneezed loudly during the meeting.

그 밖에도 grow, fall, shine, cough, swim, yawn 같은 동사들이 자주 쓰여.

다만, 1형식 동사라고 목적어를 아예 데려오지 못하는 것은 아니야. 자동사가 목적어를 데려올 때는 충돌을 피하기 위해 그 사이에 전치사가 있어야 하는데, 이런 경우는 대체로 '숙어'라는 이름으로 암기를 통해 배우게 돼. 아빠가 동사와 전치사를 같이 눈여겨보고 익히라고 주문하는 이유가 바로 그래서야. 예를 들면 다음과 같은 단어들이야. 전치사도 물론 가능성의 수준에서나마 의미가 있으니 그 의미를 알아두는 게 좋아. 그럼 적당한 전치사를 추론하는 데 도움이 될 거야. 하지만 그러기까지는 많은 독서가 필요하겠지.

rely on, ask for, listen to, belong to, look for, deal with, run for 등

## 주어의 상태가 중요한 2형식

2형식 동사는 보어가 있어야 문장이 성립해. 보어는 형용사, 명사로 이루어지는데, 형용사는 주어를 꾸며주고, 명사는 주어와 같아. 무슨 말이냐 하면, 예를 들어 'She is smart.'처럼 주어를 꾸미기도 하고, 'She became a teacher.'와 같이 'she=a teacher'의 뜻을 갖는 거야. 대표적으로는 'be동사'와 'become'이 있지만 때때로 'It holds true.'나 'She fell ill.'에서와 같이 1형식 동사나 3형식 동사가 2형식 동사로 쓰이기도 한단다. 그렇다고 해도 근본적으로는 '상태의 유지'를 나타내는 'be' 또는 '상태의 변화'를 뜻하는 'become'의 뜻으로 이해하면 돼. 다만 그 동사의 뉘앙스를 살려주면 되지. 몇 가지 예를 살펴보자.

He died a millionaire. (When he died, he was a millionaire.)
그는 백만장자로 죽었다.
She married young. (When she married, she was young.)
그녀는 어린 나이에 결혼했다.
He stands innocent. (He is innocent.)
그는 무고하다.
He ran angry and mad. (He became angry and mad.)
그는 화가 나서 펄쩍 뛰었다.

3형식 동사는 가장 보편적으로 쓰이기도 하지만 지난번에 이미 설명했어. 기억나지? 아니면 DAY 08을 다시 한번 보고 와.

## 3형식의 변형, 5형식

4형식보다 5형식 동사를 먼저 보자. 5형식은 3형식의 변형으로 볼 수 있거든. 5형식은 동사 뒤에 목적어뿐 아니라 목적보어(object complement)까지 취하는 문장구조를 말하는데, 목적보어는 해당 목적어의 상태, 속성, 신분 등을 보충해서 설명하는 거야. 그래서 주격보어가 '주어=보어'이듯이, 목적격보어는 '목적어=보어'의 의미를 띠게 돼. 주어를 목적어로 바꾸었을 뿐 근본적인 성격은 같아.

예를 들어, 'I consider her my best friend.'라는 문장에서, 목적어 'her'는 목적보어인 'my best friend'와 동일한 대상이야. 'her=my best friend'라는 등식이 성립하지. 그 사이에 be동사가 생략된 형태로 보면 되는 거야. 아빠는 근본적으로 5형식 역시 접속사와 be동사가 생략된 형태로 본단다. 전에 문장 생략하는 훈련을 한 적이 있지? 이 문장 역시 다르지 않아.

I consider that she is my best friend.

이 문장에서 접속사를 생략하고 she를 목적어 her로 바꿔야겠지? 그리고 is는 being이 되지만 이것도 생략할 수 있으니까 'I consider her my best friend.'라는 문장이 나와. 원칙적으로 5형식 문장은 명사절이 있는 3형식 문장을 생략한 형식으로 보면 돼. 다음 문장도 5형식으로 만들어보자.

① They encouraged <u>that she pursue her dreams</u> and never give up on her passions.
② We found <u>that the new marketing strategy was much more effective.</u>
③ We believe <u>that investing in renewable energy is crucial</u> for the future of our planet.

어렵지 않지? ①은 that을 생략하고 she를 her로 바꾼 다음, 동사 pursue 앞에 to를 더하면 되잖아. 다른 문장도 그런 식으로 바꿀 수 있어.

① They encouraged her to pursue her dreams and never give up on her passions.
② We found the new marketing strategy much more effective.
③ We believe investing in renewable energy crucial for the future of our planet.

이제 이해하겠지? 자, 마지막으로 5형식으로 쓰인 문장들을 잘 봐봐. 다른 색으로 쓰인 부분이 목적보어야.

She painted her house blue.
그녀는 집을 파란색으로 칠했다.
The audience found the play entertaining.
관객들은 그 연극이 재미있었다고 느꼈다.
They declared the park a protected area.
그들은 그 공원을 보호구역으로 지정했다.
She finds it hard to concentrate in a noisy environment.
그녀는 시끄러운 환경에서 집중하기 어렵다고 생각한다.
Thomas encouraged her to pursue her dreams.
토마스는 그녀에게 꿈을 좇으라고 격려했다.
She let him listen to her favorite song on the radio.
라디오에서 애청곡이 나오자 그녀가 그에게 들려주었다.
She saw him get on the train just as it was leaving the station.
그녀는 그가 역을 떠나는 기차에 타는 모습을 보았다.

형용사, 명사에 해당하는 품사들이 보어로 쓰인 것을 알 수 있지? 그리고 보어는 목적어를 수식하거나 목적어와 같다는 것도 알 수 있을 거야. 전에 공부한 사역동사, 지각동사도 5형식으로 자주 등장하지. 동사 얘기가 길어졌다. 4형식 동사는 역사 문제까지 들어 있어서 재미있게 공부할 수 있을 텐데 얘기가 길어지니 다음에 이어서 하자.

다음 문장의 형식을 밝히고 해석해보세요.

The leaves have fallen from the trees in the autumn breeze.

<u>The leaves</u> <u>have fallen</u> from the trees in the autumn breeze.
    S            V (1형식)

Despite the storm, the lighthouse stood tall and guided ships to safety.

Despite the storm, <u>the lighthouse</u> <u>stood</u> <u>tall</u> and <u>guided</u> <u>ships</u> to safety.
                         S              V   C (2형식)  V      O (3형식)

The flowers bloom beautifully in the spring.

<u>The flowers</u> <u>bloom</u> beautifully in the spring.
     S            V (1형식)

**4**

The waiter brought us a menu and took our order.

The waiter brought us a menu and took our order.
 S  V  IO DO (4형식)  V  O (3형식)


**5**

Her eyes are so bright that they hold blue like the ocean.

Her eyes are so bright that they hold blue like the ocean.
 S  V  C   S  V  C (2형식)


**6**

Closing their petals can also help flowers regulate their internal
environment.

Closing their petals can also help flowers regulate their internal
 S         V  O    OC (5형식)

environment.

**7**

The rescuers found Tom coming down the mountain, looking exhausted but satisfied.

<u>The rescuers</u> <u>found</u> <u>Tom</u> <u>coming down</u> the mountain, looking exhausted
    S          V     O      OC (5형식)

but satisfied.

**8**

We should discuss a plan of action before making any decisions.

<u>We</u> should <u>discuss</u> <u>a plan</u> of action before making any decisions.
 S           V     O (3형식)

**9**

He showed his niece some pictures of his travels.

<u>He</u> <u>showed</u> <u>his niece</u> <u>some pictures</u> of his travels.
 S   V      IO       DO (4형식)

**아빠의 번역**

1. 가을바람에 나무에서 나뭇잎이 떨어졌다.
2. 폭풍우에도 등대는 우뚝 서서 선박을 안전하게 안내했다.
3. 봄이면 꽃들이 아름답게 피어난다.
4. 웨이터가 메뉴를 가져와 주문을 받았다.
5. 그녀의 눈은 너무 밝아 바다처럼 푸른빛을 띤다.
6. 꽃잎을 닫으면 꽃이 내부 환경을 조절하는 데 도움이 될 수 있다.
7. 구조원들이 발견했을 때 톰은 지쳤지만 만족스러운 표정으로 산을 내려오고 있었다.
8. 행동 계획을 논의한 뒤에 결정을 내려야 한다.
9. 그는 조카에게 여행 사진을 보여주었다.

주어진 표현을 이용하여 형식에 맞게 우리말을 영어로 바꿔보세요.

**1**

그는 아들이 사실대로 말하고 있다고 믿었다. (5형식)
(believe, tell the truth)

나의 표현 > He believed his son telling the truth.

his son이 목적어이며, 목적보어로 ing부정사를 사용했다.

**2**

밤이 되자 기온이 영하 15도로 떨어졌다. (1형식)
(by nightfall, temperature, drop, 15 degrees)

나의 표현 > By nightfall, the temperature had dropped to minus 15 degrees.

기온이 떨어진 것은 해가 지기 전이므로 과거완료상 had dropped로 나
타내는 것이 좋다. 또는 dropped도 좋다.

**3**

박물관에서 방문객들에게 오디오가이드를 제공했다. (3형식)
(museum, provide, visitor, audio guide)

나의 표현 > The museum provided visitors with an audio guide.

provide는 4형식이 불가능하며 'provide A with B'의 형식을 취한다.

**4**

이 새 연장 사용법을 알려줄 수 있어? (4형식)

(show, how to use, tool)

> 나의 표현 〉 Can you show me how to use this new tool?
>
> show는 4형식이 가능하다.

**5**

해가 지면서 지평선이 빨갛게 변했다. (2형식)

(the sun set, horizon, turn)

> 나의 표현 〉 As the sun set, the horizon turned red.
>
> turn은 종종 2형식 동사로 쓰이며 become의 뜻이 된다.

밑줄 친 부분에 주의하여 다음 글을 읽어보세요.

Hate societies are ❶ <u>those</u> ❷ <u>that are built</u> on the belief that one group is inherently ❸ <u>superior to</u> others. This belief can manifest in various forms, including discrimination, violence, and dehumanization of ❹ <u>those deemed</u> inferior. Such societies often use myths, propaganda, and other forms of manipulation to justify their actions and maintain their power. Hate societies can be found throughout history and across different parts of the world, and they can take many different forms, from authoritarian regimes to religious fundamentalism to racial or ethnic supremacy. ❺ <u>The consequences of living</u> in a hate society can be devastating, leading to widespread suffering, oppression, and even genocide.

---

**중요 단어**

◆ hate 혐오, 증오, 혐오하다 ◆ inherent 본질적인, 내재적인 ◆ superior to ~ ~보다 우월하다
◆ manifest 드러나다, 드러내다 ◆ discrimination 차별 ◆ dehumanization 인간성 말살, 비인간화
◆ deem ~ ~로 여기다 ◆ myth 신화 ◆ propaganda 선전 ◆ manipulation 조작, 조종 ◆ justify
정당화하다 ◆ authoritarian 권위주의적인, 독재적인 ◆ regime 정권, 체제 ◆ fundamentalism
근본주의 ◆ ethnic 민족의, 종족의 ◆ devastating 파괴적인 ◆ oppression 억압, 박해 ◆ genocide
인종학살, 집단학살

---

**독해 포인트**

❶ 관계대명사 앞에는 대명사가 오지 않는 것이 원칙이지만 those, he는 예외다. 이
때 those는 people이나 특정 집단을 뜻하며, he는 a person의 뜻이 된다.

예) Those who work hard will see the results they desire.

　　He who hesitates is often lost in life.

❷ (that are) built

❸ 비교급에 than 대신 to를 사용하는 경우가 있는데 이를 '라틴어식 비교급'이라고 한다. superior to ~(~보다 우수한), inferior to ~(~보다 열등한), senior to ~(~보다 연상의), junior to ~(~보다 연하의), prior to ~(~보다 이전에) 등이 있다.

❹ those (who are) deemed가 원형이다. those는 역시 the people의 뜻으로 쓰였다.

❺ of ~ing는 형용사 역할을 한다. of가 들어간 이유는 '주어+동사' 관계가 성립하지 않기 때문이다. 예를 들어 a person living은 a person lives가 가능하지만, 이 문장의 경우 The consequences live는 불가능하다.

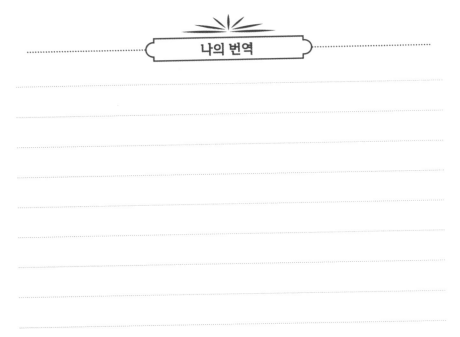

**나의 번역**

172

**2**

In conclusion, the age of ❶ <u>AI presents both challenges and opportunities for humans.</u> While ❷ <u>it is true that</u> AI has the potential ❸ <u>to replace some jobs and pose a threat to humanity,</u> ❹ <u>it also has the potential to enhance</u> our abilities and create new opportunities. ❺ <u>By embracing the opportunities that AI presents and adapting to the changing landscape,</u> humans can thrive in the age of AI. Importantly, this ❻ <u>requires taking</u> a proactive and responsible approach to the development and use of AI, to ensure that it aligns with human values and priorities. Ultimately, the key to coping in the age of AI is to work in partnership with this technology, ❼ <u>rather than against it.</u>

⸺⸺⸺⸺⸺

(중요 단어)

◆ in conclusion 결론적으로 ◆ present 제공하다 ◆ challenge (명사) 도전 / (동사) 도전하다
◆ opportunity 기회 ◆ potential 잠재력 ◆ enhance 높이다, 향상하다, 촉진하다 ◆ embrace
끌어안다, 포옹하다 ◆ adapt to ~ ~에 적응하다 ◆ landscape 풍경 ◆ thrive 번성하다, 번창하다
◆ proactive 주도적인 ◆ ensure 보장하다 ◆ align with ~ ~에 맞추다, ~을 지지하다 ◆ priority
우선권 ◆ cope 대처하다, 대응하다 ◆ partnership 동반자 관계, 동업

(독해 포인트)

❶ AI presents humans with both challenges and opportunities로 바꿔 쓸 수 있으나 이 경우 문미초점에 따라 강조하는 내용이 humans에서 both challenges and opportunities로 바뀐다.

❷ 여기서 it은 가주어이고, that절이 진주어이다.

❸ and로 연결되어 있지만 하나의 사건을 나타내는 문장이다. 별개의 사건으로 나

타내려면 to replace some jobs and to pose a threat to humanity처럼 pose 앞에 to가 있어야 한다. 예를 들어, 'I want to go home and sleep.'은 집에 가서 자고 싶다는 하나의 소망이지만, 'I want to buy a camera and to marry her.'는 카메라를 사는 것과 연인과 결혼하는 것이 별개의 소망이라는 뜻이다.

❹ 'have+the 추상명사+to ~'는 '(추상명사) 하게도 ~ 하다'로 번역해야 자연스럽다.

have the kindness to ~: 친절하게도 ~ 하다

have the regret to ~: 유감스럽게도 ~ 하다

❺ ❸과 같이 하나의 사건이다. 별개의 사건일 때는 and by adapting과 같이 by를 추가해야 한다.

❻ require는 명사형 ~ing를 목적어로 취한다.

❼ 문미초점에 따라 '이 기술과 협력하는 데 있다. 대항하는 것이 아니라'로 이해해 야 하지만 우리말 입맛에 맞게 어순을 바꾸어 번역했다.

---

### 나의 번역

아빠의 번역

**1** 혐오 사회는 한 집단이 다른 집단보다 본질적으로 우월하다는 믿음을 기반으로 하는 사회다. 이러한 믿음은 차별, 폭력, 그리고 열등해 보이는 사람들을 향한 멸시 등 다양한 형태로 나타날 수 있다. 혐오 사회는 종종 신화, 선전, 그리고 여타 형태의 조작을 통해 자신의 행동을 정당화하고 권력을 유지한다. 이러한 사회는 역사를 통틀어 전 세계 여러 지역에서 찾아볼 수 있으며, 권위주의 정권부터 종교적 근본주의, 인종 또는 민족 우월주의에 이르기까지 다양한 형태를 띠고 있다. 혐오 사회에서 산다면, 그 결과는 파괴적이며, 광범위한 고통과 억압, 심지어 대량 학살로 이어질 수 있다.

**2** 결론적으로, AI의 시대는 인간에게 도전과 기회를 동시에 제공한다. 실제로 AI가 일자리를 일부 대체하면서 인류에게 위협이 될 수 있지만, 동시에 잠재적으로 우리 능력을 향상하고 새로운 기회를 창출할 수도 있다. AI가 제시하는 기회를 수용하고 변화하는 환경에 적응한다면 AI 시대에 인간도 발전할 수 있다. 중요한 것은, AI의 개발과 사용에 주도적이고 책임감 있게 접근해야 AI도 인간의 가치와 우선순위에 부합할 것이다. 궁극적으로, AI 시대에 대응하는 핵심은 그 기술에 대항하는 대신 협력하는 데 있다.

## DAY **07** 영어문장의 구조②

- 영어는 '주어부+동사부+서술부'로 이루어져 있다.
- 모든 영어문장에는 주어와 동사가 하나는 있어야 하고, 하나만 있어야 한다.
- 그 주어와 동사를 제외한 다른 주어와 동사의 앞, 또는 뒤에는 반드시
  주어와 동사가 아니라는 표시가 있다.
- 그 표시를 접속사, to부정사, ing부정사가 담당한다.
- 문장 독해를 위해서는 무엇보다 그 문장을 읽으면서 하나뿐인 주어와 동사를
  파악해야 한다. 주어와 동사는 늘 문장의 핵심이다.
- 접속사는 생김새, 또는 모양으로 구분한다.
- 접속사가 이끄는 문장, to부정사, ing부정사는 명사, 형용사, 부사로 기능한다.
- 글을 읽고 이해하기 위해서는 해당 절, to부정사, ing부정사가
  어떤 기능인지 미리 판단하고, 다음 유닛으로 넘어가야 한다.

## DAY **08** 동사

- 동사는 주체가 세상과 어떤 방식으로 관계를 맺는가에 따라
  자동사와 타동사로 나뉜다.
  ① 자동사: 주체가 주체 자신과 관계를 맺는 동사
  ② 타동사: 주체가 주체 외의 대상과 관계를 맺는 동사
- 동사는 문맥에 따라 자동사로도 쓰이고 타동사로도 쓰이는데,
  어떻게 쓰이는지에 따라 의미가 달라진다.
- 자동사로만 쓰이는 동사, 타동사로만 쓰이는 동사도 있다.

| 자동사로만 쓰이는 동사 | arrive, exist, die, belong, occur, belong, happen, appear, remain 등 |
|---|---|
| 타동사로만 쓰이는 동사 | accomplish, admire, consider, find, give, have, ignore 등 |

- 타동사는 반드시 주체가 아닌 다른 상대, 즉 목적어가 있어야
  문장이 만들어지는 동사들이다.

**DAY 09** **5형식①**

- 영어문장은 반드시 5형식을 따라 구성된다.
- 1형식(주어+동사(SV))은 주어의 행위 자체에만 관심이 있다.

| 1형식에 주로 쓰이는 동사 | arrive, sleep, laugh, sneeze, grow, fall, shine, cough, swim, yawn 등 |
| --- | --- |

- 1형식 동사는 전치사와 함께 목적어를 취하기도 한다.

| 1형식 동사가 쓰인 숙어 | rely on, ask for, listen to, belong to, look for, deal with, run for 등 |
| --- | --- |

- 2형식(주어+동사+보어(SVC))은 주어의 상태에 관심이 있다.
- 보어는 형용사, 명사로 이루어지는데, 형용사 보어는 주어를 꾸미고
  명사 보어는 주어과 같다.
- 5형식(주어+동사+목적어+목적보어(SVOOC))은
  3형식(주어+동사+목적어(SVO))의 변형으로,
  목적어와 목적보어를 모두 취한다.
- 목적보어는 목적어의 상태, 속성, 신분 등을 보충해서 설명하는 역할을 한다.
- 사역동사, 지각동사는 5형식으로 주로 사용된다.

# 수여동사를 이해하려면 역사 공부가 필요해

　오늘은 역사 얘기부터 해볼까? 남의 나라 언어를 배우는 중이니 그 언어의 배경과 역사에 대해 어느 정도는 알아야 하지 않을까?

　혹시 전사(warriors)와 기사(knights)가 어떻게 다른지 아니? 영국의 경우 전사는 고대 켈트족 무사들이나 바이킹 침략자들을 뜻해. 개인의 영광이나 부를 위해 싸우지. 너 오래전에 아빠랑「드래곤 길들이기」본 거 기억하지? 그 영화에 수염을 잔뜩 기르고 뿔 달린 투구를 쓰고 가죽옷을 입은 사람들이 나오잖아. 그래, 그게 전형적인 전사의 모습이야.

　기사는 중세 유럽 귀족에 기반을 두고 있어서 세련되고 문화적이었지. 야만적인 전사와는 달랐어. 여성을 배려하고 명예를 존중하는 태도를 '기사도'라고 하는데, 이게 바로 '기사'에서 비롯된 말이야. 이 얘기를 하는 이유는 1066년 외세가 영국을 침략했을 때 바로 두 계급이 충돌했기 때문이야. 기사의 나라가 전사의 나라를 침공한 거야.

　영국도 우리나라처럼 외세의 침략을 오랫동안 많이 받은 나라야. 아주아주 먼 옛날, 영국은 지금 같은 국가가 아니라 브리튼(Britain)이라는 섬에 불과했어. 5~6세기에 앵글족(Angles), 색슨족(Saxons), 주트족(Jutes) 같은 게르만족들이 쳐들어와 국가를 만들었지. 따라서 당시의 언어는 게르만족들의 언어가 발전한 형태였겠지? 어휘도 게르만어에서 왔을 테고. 그 언어는 중세 초기까지 발달하며 영국(England) 전역에서 사용되었어. 당시의 언어를 고대영어(Old English) 또는 앵글로색슨(Anglo-Saxon)이라고 하는데, 지금의 영어와는 발음도 어휘도 완전히 달랐단다.

그런데 1066년 그 나라에 또 다른 종족이 쳐들어와. 바로 노르만족 프랑스였어. 아까 얘기했듯이 기사의 나라가 전사의 나라를 공격한 거야. 역사에서는 이를 노르만정복(Norman Conquest)이라고 하는데, 그 후 300년간 영국의 지배계급을 프랑스 귀족들이 차지했어. 그동안 프랑스어가 유입되고 영어와 통합되면서 영어는 또다시 큰 변화를 겪게 돼. 문화란 물처럼 위에서 아래로 흐르는 법이거든.

그래서 프랑스에서 차용된 단어가 많아지고, 어휘도 문장도 더욱 복잡해졌어. 모음이 달라지고 전치사를 쓰기 시작한 것도 프랑스 문법의 영향을 받은 거야. 그러니까 현대영어의 뿌리는 1066년 노르만정복이라고 할 수 있을 거야.

99

## 목적어가 둘, 4형식

갑자기 영어역사 얘기를 한 것은 4형식 동사를 설명하기 위해서야. 역사적 배경을 알면 이해가 훨씬 쉽거든.
4형식 동사는 '수여동사'라고 부르기도 한단다. 대표적인 4형식 동사 'give'처럼 '주다'의 뜻이 들어 있기 때문이지. 수여가 준다는 뜻이잖아.

give(주다), make(만들어주다), tell(알려주다), teach(가르쳐주다), send(보내주다), lend(빌려주다), sell(팔아주다), show(보여주다) 등

이런 동사들은 4형식 문장을 구성할 수 있어. 이런 식으로 말야.

They gave the guests the tickets.

'주어+동사+간접목적어+직접목적어'의 형식이야. 간접목적어와 직접목적어가 서로 다른 대상이라는 점에서 5형식과는 구별되지. 5형식에는 목적어가 아니라 보어가 있어서 목적어를 수식하거나 목적어와 동일 대상이어야 했잖아. 기억나지? 그래서 4형식 문장은 '~에게(IO) ~을(DO) 주다'라고 해석하게 돼. 두 문장을 비교해보자.

① They made her doctor.
② They made her a doll.

비슷하게 생긴 문장이지만 ①은 'her=doctor'이고, ②는 'her≠doll'가 돼. ①은 5형식으로, ②는 4형식으로 이해해야 한다는 뜻이야. 해석해보면 ①은 '그들은 그녀를 의사로 만들었다.'이고, ②는 '그들은 그녀에게 인형을 만들어주었다.'가 되겠지.

**역사를 알면 암기할 내용이 줄어든다**

그런데 '~에게 ~을 주다'로 해석해야 하는 동사가 또 있어. introduce, explain, provide, present, supply, borrow, furnish 같은 동사들이야. 예를 들어 introduce는 '소개해주다'라는 뜻이지만 *'He introduced me his girlfriend.'처럼 쓸 수가 없어. 3형식으로 만들어서 'He introduce his girlfriend to me.'처럼 써야 하지.
자, 여기서 문제. 두 단어 그룹을 어떻게 구분해서 쓸까? 이것도 외워야 할까? 어디 한번 나란히 두고 비교해보자.

① give, make, tell, teach, send, lend, sell, show
② introduce, explain, provide, present, supply, furnish

어때, 차이가 보여? ①은 초등학생도 알 법한 단어들이고, ②는 어딘가 어려워 보이지? 단어도 길고. 아빠가 앞에서 영어사를 먼저 얘기했잖아. 그게 이제 여기서 빛을 발하는 거지.

프랑스가 영국을 정복했던 1066년 당시, 영국은 여전히 문화가 발달하지 못한 상태였어. 프랑스는 이미 중세에 접어들어 문화의 꽃을 한창 피우고 있었고. 문화의 발달은 곧 언어의 발달을 의미하기도 해. ①은 고대영어(Old English)에서 넘어온 토착어 같은 어휘들이고, ②는 노르만정복(Norman Conquest) 이후 프랑스에서 넘어온 단어들이야. 어째 좀 더 고급스럽고 어려워 보이지 않니?

그런데 프랑스어에는 4형식이 없어. 단어가 넘어오면서 그 단어의 문법까지 함께 데려오게 되었지. 그래서 ②는 4형식이 아니라 3형식으로만 써야 해. 이런 식으로.

introduce A to B
explain A for(to) B
provide, present, supply, furnish A with B

자, 암기할 내용이 하나 줄었지? 이렇게 정리하면 될 거야. 단어가 2음절 이상이면 4형식 문장으로 쓰지 않는다. offer, afford처럼 2음절 동사도 이따금 4형식으로 쓰기는 하지만 이건 극히 예외적인 경우야. 그러니 어쨌든 이런 식으로 기억해두면 훨씬 공부하기 편할 거야.

오늘은 여기까지 하자. 언어도 뿌리를 알면 암기할 내용이 많이 줄어든단다. 다음 시간에는 시제(tense)와 상(aspect)에 대해 얘기할 거야. 시제와 상도 제대로 이해하지 못하면 영어의 글 뜻을 오해하기 쉬우니 중요한 공부가 될 거야.

4형식으로 잘못 쓰인 문장을 3형식으로 바꿔보세요.

 1

I will furnish Tom all the necessary tools and equipment for the job.

바른 표현 > I will furnish Tom with all the necessary tools and equipment
for the job.

furnish는 4형식이 불가능하며 'furnish A with B'의 형식으로 쓰인다.

2

The coach is explaining the new players the rules of the game.

바른 표현 > The coach is explaining the rules of the game to the new
players.

explain은 4형식이 불가능하며 'explain A to(for) B'의 형식으로 쓰인다.

3

Jim will announce his team the starting lineup for the game soon.

바른 표현 > Jim will announce the starting lineup for the game to his team
soon.

announce는 4형식이 불가능하며 'announce A to B'의 형식으로 쓰인다.

**4**

The musician introduced us her new song at the concert.

바른 표현 The musician introduced her new song at the concert to us.

introduce는 4형식이 불가능하며 'introduce A to B'의 형식으로 쓰인다.

**5**

The government plans to provide the disaster victims financial aid.

바른 표현 The government plans to provide victims financial aid with the disaster.

provide는 4형식이 불가능하며 'provide A with B'의 형식으로 쓰인다.

아빠의 번역

1 톰에게 그 일에 필요한 도구와 장비를 모두 제공하겠다.
2 코치가 신입 선수들에게 경기 규칙을 설명하고 있다.
3 짐은 곧 경기에 참여할 선발 선수들을 발표할 것이다.
4 음악가는 콘서트에서 자신의 신곡을 소개했다.
5 정부는 재난 피해자들에게 재정 지원을 할 계획이다.

주어진 표현을 이용하여 우리말을 영어로 바꿔보세요.

**1**

선생님은 우리에게 강력한 지식 기반을 구축해주기 위해 노력했다.
(build, a strong foundation of knowledge)

나의 표현 > The teacher tried to build us a strong foundation of knowledge.

build는 4형식으로 쓸 수 있다.

**2**

의사가 환자에게 그의 부러진 뼈 엑스레이를 보여줄 것이다.
(doctor, show, patient, the X-ray, broken bone)

나의 표현 > The doctor will show the patient the X-ray of his broken bone.

show는 4형식으로 쓸 수 있으므로 the patient를 간접목적어로 한다.

**3**

회사는 방문객들에게 가능한 한 빨리 신제품을 출시하겠다고 발표했다.
(announce, introduce, a new product, as soon as possible)

나의 표현 > The company announced to the vistors that they are going to
introduce a new product as soon as possible.

announce, introduce는 4형식으로 쓸 수 없다.

**4**

테드 삼촌이 우리에게 만화책을 사주겠다고 약속했다.
(promise, that, would, comic books)

[나의 표현]> Uncle Ted promised that he would buy us comic books.

promise는 4형식으로 쓸 수 없는 동사임에 주의한다.

**5**

어머니의 지시로 난 사촌에게 게임하는 법을 알려줘야 했다.
(make, teach, cousin, how to play)

[나의 표현]> Mother made me teach my cousin how to play the game.

teach는 4형식으로 쓸 수 있다.

밑줄 친 부분에 주의하여 다음 글을 읽어보세요.

❶ I'd been given a glimpse of a Great Secret—The Secret to life. The glimpse came in a hundred-year-old book, ❷ given to me by my daughter Hayley. I began tracing The Secret back through history. ❸ I couldn't believe all the people who knew this. They were the greatest people in history: Plato, Shakespeare, Newton, Hugo, Beethoven, Lincoln, Emerson, Edison, Einstein. ❹ Incredulous, I asked, ❺ "Why doesn't everyone know this?" A burning desire to share The Secret with the world consumed me, and I began searching for people alive today who knew The Secret.

**중요 단어**

◆ glimpse 힐끗 봄 ◆ trace 추적하다 ◆ incredulous 믿을 수 없는 ◆ consume 소비하다, 태워버리다, 소모하다 ◆ search for ~ ~을 조사하다

**독해 포인트**

❶ 4형식을 수동태로 바꿔 간접목적어가 주어가 된 문장에서 동사는 타동사의 역할을 할 수 있다. be given(받다), be taught(배우다), be told(듣다) 등

❷ (which was) given to me

❸ '모두'의 뜻이 있는 단어, 즉 both, all, every, whole 등과 not이 결합하면 부분 부정의 뜻이 된다. 여기서는 '설마 이들이 모두?'처럼 반신반의의 뜻을 지닌다.

❹ (As I was) incredulous,

❺ 'why don't you ~'가 '~ 하면 어때?'의 뜻을 지니듯, 이 문장 역시 '모두가 이 사실

을 알면 어떨까?' 정도의 의미로 봐야 한다.

Feminism has a long history, with the first wave of feminism ❶ <u>occurring in the late 19th and early 20th centuries and focusing on women's suffrage and other political rights.</u> The second wave of feminism, ❷ <u>which took place in the 1960s and 1970s,</u> broadened the scope of the movement ❸ <u>to include</u> issues such as reproductive rights, domestic violence, and sexual harassment. The third wave of feminism, ❹ <u>which</u> began in the 1990s and continues to the present day, builds upon the successes of the past while also focusing on intersectionality and the ways ❺ <u>in which different forms of oppression intersect and compound each other.</u>

(중요 단어)

◆ wave 파도, 물결 ◆ focus on ~ ~에 초점을 맞추다, ~에 집중하다 ◆ political right 정치적 권리
◆ take place 발생하다 ◆ broaden 넓히다, 확대하다 ◆ scope 영역, 범주 ◆ include 포함하다
◆ reproductive right 재생산권(임신과 출산을 포함하여 인간의 생식 활동에 관련된 행위를 <u>스스로</u> 결정할 수 있는 권리를 의미한다.) ◆ domestic violence 가정폭력 ◆ intersectionality 상호교차성(여성과 남성 사이뿐만 아니라 같은 여성 사이에서도 상대적인 권력관계가 발생하며, 여러 억압 메커니즘은 서로 고립되어 작동하는 것이 아니라 서로 교차하면서 함께 작동한다는 이론) ◆ sexual harassment 성희롱
◆ continue 이어지다 ◆ oppression 억압 ◆ intersect 상호교차하다 ◆ compound (명사) 복합체, 혼합 / (동사) 악화시키다, 심화하다

(독해 포인트)

❶ occurring과 focusing은 형용사로, the first wave of feminism을 수식한다.
❷ which took place in the 1960s and 1970s는 삽입구문이므로 'The second wave of feminism broadened the scope ~'로 연결해서 봐야 한다.

❸ to include는 결과를 나타내므로 '운동을 확대해서 ~을 포함한다'는 내용으로 번역할 필요가 있다.

❹ ❷와 동일한 방식으로 생각한다.

❺ 'in which ~'는 관계대명사이므로 intersectionality and the ways를 수식한다.

나의 번역

그때 언뜻 위대한 비밀 하나를 엿보았다… 생명의 비밀. '비밀'은 딸 헤일리가 선물한 100년 묵은 책 속에 들어 있었다. 나는 역사를 거슬러 오르며 비밀을 추적하기 시작했다. 설마 이 사람들이 모두 '비밀'을 알았다고? 믿을 수가 없었다. 플라톤, 셰익스피어, 뉴턴, 위고, 베토벤, 링컨, 에머슨, 에디슨, 아인슈타인 등은 역사상 가장 위대한 인물들이 아니던가! 나는 의아해하며 이렇게 자문했다. "모두가 '비밀'을 알면 어떨까?" 그래서 세상과 '비밀'을 공유하고 싶은 열망으로, 현존 인물 중에서 '비밀'을 아는 사람들을 찾아 나섰다.

페미니즘의 역사는 길다. 페미니즘 최초의 물결은 19세기 말과 20세기 초에 일어났으며, 당시는 여성의 투표권을 비롯하여 정치적 권리에 초점을 맞췄다. 두 번째 물결은 1960년대와 1970년대에 발생했으며 운동의 영역에서 확장하여 재생산권, 가정폭력, 성희롱 같은 문제들까지 다뤘다. 페미니즘의 세 번째 물결은 1990년대에 시작해서 지금까지 이어져온다. 이는 과거의 성공을 기반으로 상호교차성, 즉 다른 형태의 억압이 서로 어떻게 교차하며 악화되어가는지 그 방식들에 집중한다.

# 오늘은 시제(tense)와 상(aspect) 이야기를 해볼까

"아빠는 왜 우리한테 공부하라는 얘기를 안 했어?"

"공부? 그건 너희들이 알아서 해야지."

"그래도. 다른 부모님들은 애들이 공부를 게을리하면 초조해하고, 눈살이라도 찌 푸린다던데 우리 부모님은 한 번도 그런 적이 없으니 신기해서. 사실, 어렸을 때 강제로 앉혀놓고 영어를 가르쳤으면 내가 이렇게 '영포자'는 안 됐을 거 아냐."

그건 아빠보다 엄마한테 물어봐. 우리 집 교육 담당은 엄마였으니까. 난 식사 담당이고.

아무튼 너희들 어렸을 때 엄마하고 그 문제로 대화를 하긴 했어. 그리고 우리가 바라는 것은 너희들의 성공이 아니라 행복이라는 결론을 내렸지. 이곳 시골로 내려온 것도 그래서였어. 서울은 이미 가진 사람들의 놀이터가 된 지 오래고, 우린 그 속에서 너희들이 힘들어하거나 상처받게 하고 싶지 않았어. 치열한 경쟁 사회에서 벗어나 조금이라도 덜 치이고 덜 힘들기를 바란 거야.

엄마, 아빠의 역할은 너희들의 길을 정해주고 이끄는 것이 아니라 스스로 길을 열어 가도록 뒤에서 지켜보는 것이라고 믿어. 엄마도 늘 그렇게 말했잖아? 학원을 가든, 유학을 가든, 아니면 학교를 그만두고 독립을 하든, 너희가 원하면 뭐든 지원하겠지만 우리가 이래라저래라 하는 일은 없을 거라고.

엄마, 아빠의 기본적인 생각이 그래. 지원하되 개입하지 않는다. 어차피 너희 삶이고 인생이니까.

네가 비록 아빠의 방관 탓에 '영포자'가 되었다지만 그래도 때가 되니 이렇게 스스로 깨닫고 공부하겠다고 나섰잖아? 그럼 된 거야. 그럼 아빠도 열과 성을 다해서 가르쳐줄 테고. 조금 늦으면 어때? 조금 헤매면 어때? 아빠도 남들보다 6~7년 늦게 대학에 들어갔지만 사람 구실은 하고 있잖아.

앞으로도 그래. 부모가 아니라 너 자신을 믿어야 해. 너 자신의 선택을 믿고 네 능력을 믿는 거야. 그럼 뭐든 해낼 수 있어. 엄마, 아빠도 이렇게 지켜보고 있잖아.

어쨌든 영어공부도 네 선택이니 게을리하지 않아야겠지?

**"**

## 시제와 상을 분리해서 생각한다

영어를 배우다 보면 제일 어려운 주제 중 하나가 시제임을 알게 돼. 가장 큰 이유는 우리가 시간을 따지는 방식하고 전혀 다르기 때문이야. 처음에도 얘기했듯이 우리가 감성적인 데 반해 서구의 사고방식은 이성 중심이야. 그들의 논리 구조를 받아들이기가 쉽지만은 않다는 뜻이지. 아니, 규율과 형식을 중시한다는 뜻이니 어떤 면에서는 생각보다 쉬울 수도 있겠다. 아무튼 시작해보자. 하나하나 짚어가다 보면 '아하!' 하는 순간이 있으리라 믿는다.

요즘은 어떻게 설명하는지 모르겠는데 아빠가 영어를 공부할 때만 해도 12시제라는 것이 있었어. 과거, 현재, 미래, 과거진행, 현재진행, 미래진행, 과거완료, 현재완료, 미래완료, 과거완료진행, 현재완료진행, 미래완료진행, 이렇게 12개. 복잡하기도 하고 외울 것도 많았는데 지금 생각해보니 이런 식으로 구분한 탓에 시제를 제대로 이해하지 못한 것 같기도 해. 서로 다른 얘기를 하나의 범주로 설명하려 했으니까.

영어에서 시간을 어떻게 표현하는지 이해하려면, 시제(tense)에서 상(aspect)을 떼어낼 필요가 있어. 시제는 전체를 뜻하고 상은 그 전체의 일부를 뜻하거든. 동사를 일단 '사건'을 일컫는 이름이라고 해두자. 동사와 마찬가지로 사건도 반드시 시간을 점유하니까.

사건은 발생한 시간이 중요해. 그런데 영어는 그 시간을 두 가지 방식으로 드러내지. 바로 시제와 상. 아까 말했듯이 전체와 부분이야.

나중에 자세히 설명하겠지만 시제는 사건 전체를 묘사하는 방식인 반면, 진행상은 전체 중에 어느 순간을 끊어 얘기하는 방식이고, 완료상은 전체 중 어느 순간에서 어느 순간까지 일정한 시간 범주를 얘기하는 방식이라고 할 수 있어.

**시제(tense)** ① 과거, 현재, 미래 시제

② 전체적이고 객관적이며, 그 자체로 완성형이다.

**상(aspect)** ① 진행상, 완료상

② 시간을 부분적이고 주관적으로 표현한다.

아직은 무슨 뜻인지 모르겠지? 이렇게 생각해보자. 예를 들어, 네가 피아노 연주를 했다고 가정해보자. 내가 '너 오전에 뭐 했어?'라고 물으면 넌 피아노 연주라는 사건 자체를 있는 그대로 얘기하면 돼. 'I played the piano.' 이렇게. 피아노 연주를 했다는 사실을 언급할 뿐 더 이상의 추이나 변화는 포함할 필요가 없지. 그게 바로 시제의 특징이야.

그에 반해 상은 사건 전체에서 일부만 얘기할 때 쓰는 거야. 이번에는 내가 이렇게 물어볼게. '너, 내가 전화했을 때 뭐 했어?' 무슨 말이냐 하면, 내가 알고자 하는 건 네가 피아노를 쳤는지 아닌지가 아니야. 내가 전화했을 때라는 조건이 중요한 거지. 네가 두 시간 동안 피아노를 쳤더라도 너는 내가 전화했을 때, 그때 했던 일만 잘라서 대답해야 해. 이게 상으로 대답한다는 의미야. 즉, 이때는 *'I played the piano when you called.'라고 하면 안 돼. played는 시제이지 상이 아니니까. 이 경우는 진행상이 되어야 하니까, 'I was playing the piano when you called.'처럼 was playing으로 답해야 해. 다시 말해서, 내가 전화한 순간이라는 조건이 있기에 진행상으로 대답하는 거야.

이해하겠니? 일단 조금 더 부연해서 이렇게 정리하고 보자. 자세한 얘기는 잠시 후 각론에서 다루기로 하고.

> **시제(tense)** ① 과거, 현재, 미래 시제
>
> ② 전체적이고 객관적이며, 그 자체로 완성형이다.
>
> ③ 사건 자체에만 관심이 있다.
>
> **상(aspect)** ① 진행상, 완료상
>
> ② 시간을 부분적이고 주관적으로 표현한다.
>
> ③ 사건이 아니라 조건에 관심이 있다.
>
> ④ 전체의 일부를 나타내는 조건이 있어야 한다.
>
> ⑤ 조건을 전후로 추이와 변화의 여지가 남아 있다.

## 현재 시제는 현재를 뜻하지 않는다

우선 시제 얘기부터 해보자. 아까 얘기했듯이 시제는 사건을 있는 그대로, 객관적으로 얘기하는 방식이야. 과거 어느 시점에 이런 일이 있었고 미래 어느 시점에 이런 일이 있으리라는 얘기를 아무 감정 없이 사실 그대로 서술하는 것이지. 조건 없이! '조선 시대에 양반과 상인이 있었다.' 또는 '내일 5일 장이 열릴 거야.' 이런 식으로.

과거는 과거에 일어난 일을, 미래는 미래에 일어날 일을 기술하니까 별로 어

려울 게 없고, 우리가 종종 헷갈리는 시제는 바로 현재야. 현재는 사실 '현재'를 얘기하는 것이 아니거든.

현재 시제 얘기가 조금 길어지겠다.

아래 그래프를 봐봐. 현재는 현재가 아니라 과거, 현재, 미래를 모두 아우르는 시간을 뜻해. 아빠가 영어를 배울 때 '진리, 습관, 일반적 사실을 현재 시제로 기록한다'고 배웠는데, 이건 바로 과거, 현재, 미래에 변함없이 일어나는 사건을 말하는 거야.

'지구는 둥글다'라는 진리, '나는 밤 10시에 취침한다'라는 습관, '봄나물 중 냉이와 쑥 향이 제일 강하다'라는 일반적 사실처럼 현재 시제는 전에도 그랬고 지금도 그렇고 앞으로도 그럴 것이라는 의미를 담고 있어. 그래서 '지금 (now)', '이 순간(at this moment)'처럼 현재만 끊어서 얘기하고 싶을 때는 현재 시제를 쓸 수 없지.

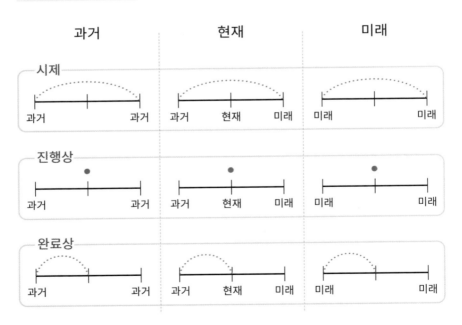

## 시제와 동사

자, 이쯤에서 동사를 몇 가지 구분해볼까? 시제를 설명하자니 역시 빼놓을 수가 없네.

### 지속성동사와 단속성동사

지속성동사(durative verb): 일정 기간 지속되는 상태나 행위를 설명하는 동사

study, swim, cook, work, play, build, grow, write 등

단속성동사(punctual verb): 순간적으로 발생하고 완료되는 동작이나 상태를 설명하는 동사

break, arrive, stop, begin, start, end, finish, appear, disappear, leave 등

### 동태동사와 정태동사

동태동사(active verb): 주어가 수행하는 동작을 설명하는 동사

run, jump, write, speak, dance, sing, cook, drive, swim, climb 등

정태동사(static verb): 동작이나 변화와 관련이 없는 감정 또는 상태를 설명하는 동사

feel, appear, have, belong, own, like, love, hate, know, remember, belong 등

현재 시제가 과거, 현재, 미래를 아우르는 시간을 설명한다고 했으니 현재 시제 동사는 기본적으로 시간의 길이가 있는 지속성동사여야겠지? 단속성동사를 현재 시제로 쓰면 현재만 설명하게 될 테니까. 예를 들어, *'He breaks his chair.'나 *'She stops here.'는 불가능한 문장인 거야. 아까도 말했지만 현재 시제는 현재를 지시할 수 없으니까. 이해되지?

다른 이야기이지만, 지속성동사와 단속성동사는 '~까지'를 뜻하는 by와 until을 구분하는 데도 유용해. by는 어느 순간만 설명하면 되기 때문에 그 앞에 단속성동사가 와야 하고, until은 그때까지 계속의 의미를 지니니까 앞에 지속성동사가 와야 해. 예를 보면 쉽게 이해가 될 거야.

Come back home **by** 10 o'clock.
10시 이전에 언제든지 돌아오면 된다.
Read this book **until** noon.
정오까지 계속 책을 읽어야 한다.

그런데 단속성동사를 현재 시제로 아예 못 쓰는 것은 아니야. 단, 의미가 바뀌거나 반복의 의미가 된다는 점을 기억해둬. 예를 들어, 'He kills me.'는 정말로 나를 죽인다는 뜻이 아니라, 그가 무지 웃기는 사람이라는 뜻이 돼. 반복적으로 웃긴다는 얘기니까.

자, 현재 시제 얘기는 다음 시간에 진행상을 공부하면서 조금 더 해보기로 하고, 일단 이것만은 꼭 기억하자.

시제는 조건 없이 사건을 객관적으로 서술할 때 사용되고, 상은 조건이 있어야 한다. 상은 사건이 아니라 조건에 관심이 있다. 그리고 현재 시제는 과거, 현재, 미래를 통틀어 표현할 때 사용된다.

다음 문장에서 시제 또는 상 등 문법이 잘못된 부분이 있으면 바르게 고쳐보세요.

**1**

They played tennis when it started to rain.

바른 표현 > They **were** playing tennis when it started to rain.

when 이하가 순간, 부분을 나타내는 조건이므로 play는 진행상으로 나타내야 한다.

**2**

He studied physics when he was in high school.

바른 표현 > He studied physics when he was in high school.

when절이 부분이 아니라 긴 시간을 뜻하기에 조건이 될 수 없다.

**3**

He will cook dinner while she is setting the table.

바른 표현 > He will be cooking dinner while she is setting the table.

or He will cook dinner while she is setting the table.

while이 '~ 하는 동안'의 뜻으로 쓰였으면 주절도 진행상으로 쓸 수 있다. 또는 시제를 써도 무방하다.

## 4

He kept working by the early hours of the morning to meet the deadline.

바른 표현 > He kept working until the early hours of the morning to meet the deadline.

kept working이 계속 일한다는 뜻의 지속성동사이므로 by가 아니라 until이 옳다.

## 5

I'm really enjoying this book I read right now.

바른 표현 > I'm really enjoying this book I'm reading right now.

right now가 현재를 나타내는 조건이므로 I read를 I'm reading으로 바꿔야 한다.

## 6

They usually buy their coffee beans directly from a small farm in South America.

바른 표현 > They usually buy their coffee beans directly from a small farm in South America.

usually로 항상 하는 일을 나타냈기에 buy가 맞다.

A: What does your father do?

B: I think he is cooking Italian food.

바른 표현 A: What does your father do?

B: He sells Italian food in the market.

질문 자체를 잘못 이해했다. 현재로 물어봤으므로 늘 하는 일, 즉 직업을 얘기해야 한다. 지금 하는 일이 아니라. 현재 시제로 물으면 현재 시제로 대답하는 것도 중요하다.

① 테니스를 하려는데 비가 내리기 시작했다.

② 그는 고등학교 시절에 물리학을 공부했다.

③ 그가 저녁을 준비할 때 그녀는 테이블을 세팅할 것이다.

④ 그는 마감 때문에 새벽까지 계속 일을 했다.

⑤ 지금 읽는 이 책은 정말 재미있어.

⑥ 그 사람들은 대개 남아프리카의 작은 농장에서 직접 커피콩을 구입한다.

⑦ A: 아버지 직업이 뭐니?

B: 시장에서 이탈리아 음식을 파세요.

주어진 표현을 이용하여 우리말을 영어로 바꿔보세요. 필요하면 단어 형태를 바꿀 수 있어요.

**1**

내일 정오쯤이면 난 LA 상공을 날고 있을 거야.
(by noon, fly, over Los Angeles)

> 나의 표현 > By noon tomorrow, I'll be flying over Los Angeles.
> 내일 정오만 끊어서 얘기해야 하므로 주절은 미래진행상으로 쓴다.

**2**

우리 부부는 새벽 6시에 강변을 따라 조깅한다.
(jog, riverside)

> 나의 표현 > My wife and I jog along the riverside at 6 am.
> 매일 하는 습관이므로 현재 시제로 작성한다.

**4**

그 비행기는 오늘 오후 인천 국제공항에 도착한다.
(flight, arrive, this afternoon)

> 나의 표현 > The flight arrives at Incheon International Airport this afternoon.

미래의 이야기이지만 this afternoon처럼 시간부사와 함께라면 현재 시제로 써도 좋다.

**5**

네가 공부를 마칠 때까지 난 카페에서 기다릴게.
(wait, finish, study)

나의 표현 I'll wait at the cafe until you finish studying.

계속을 나타내므로 접속사는 by가 아니라 until을 쓴다. finish는 명사형 ing부정사를 받는다.

밑줄 친 부분에 주의하여 다음 글을 읽어보세요.

Fossils indicate that the evolutionary line ❶ <u>leading to us</u> ❷ <u>had achieved</u> a substantially upright posture by around 4 million years ago, then began to increase in body size and in relative brain size around 2.5 million years ago. Those protohumans are generally known ❸ <u>as</u> Australopithecus africanus, Homo habilis, and Homo erectus, which apparently evolved into each other in that sequence. Although Homo erectus, ❹ <u>the stage reached around 1.7 million years ago,</u> was close to us modern humans in body size, its brain size was still barely half of ours. Stone tools became common around 2.5 million years ago, but they were merely the crudest of flaked or battered stones. In zoological significance and distinctiveness, Homo erectus was more than an ape, but still much less than a modern human.

( 중요 단어 )

◆ fossil 화석 ◆ indicate 나타내다, 내비치다 ◆ evolutionary 진화의 ◆ substantial 상당한, 실질적인 ◆ upright posture 직립 자세 ◆ protohuman 원인(原人) ◆ apparently 분명히, 확실히 ◆ crude 조잡한, 조야한 ◆ flaked stone 편석기 ◆ battered stone 깐석기 ◆ zoological 동물학적 ◆ significance 의미, 가치 ◆ distinctiveness 특수성, 특징 ◆ ape 유인원

( 독해 포인트 )

❶ (which is) leading to us
❷ 과거보다 더 전에 완료된 사건이므로 과거완료상이다. began보다 앞선 시점을 나타낸다.

❸ '~로 여기다', '~로 알다'의 뜻일 경우 전치가 as가 온다.

   see A as B, regard A as B, look upon A as B: A를 B로 여기다(알다)

❹ the stage reached around 1.7 million years ago는 Homo erectus와 동격이자 삽입구다. the stage reached는 the stage which had been reached에서 which had been이 생략된 형태다. 따라서 이 문장의 주어는 its brain size가 된다.

---

## 나의 번역

Quantum computing is a type of computing ❶ <u>that uses</u> the principles of quantum mechanics to perform calculations. In traditional computing, information is stored in bits, which can represent either a 0 or a 1. However, in quantum computing, information is stored in quantum bits, or qubits, which can represent both a 0 and a 1 at the same time. ❷ <u>This allows quantum computers to perform</u> certain types of calculations ❸ <u>much</u> faster than traditional computers. For example, quantum computers can factor large numbers much faster than traditional computers, which is important for tasks like cryptography. Quantum computing is still in its early stages and is primarily used for research purposes. However, it has the potential to revolutionize fields like cryptography, optimization, and machine learning in the future.

(중요 단어)

◆ quantum computing 양자컴퓨팅 ◆ compute 계산하다 ◆ quantum mechanics 양자역학
◆ calculation 계산 ◆ traditional 전통적인 ◆ represent 대변하다, 나타내다 ◆ bit (단위) 비트
◆ factor (명사) 요인, 인자 / (동사) 인수분해하다 ◆ cryptography 암호작성 ◆ potential 잠재력
◆ revolutionize 혁신하다 ◆ optimization 최적화 ◆ machine learning 기계학습

(독해 포인트)

❶ 일반적인 사실을 얘기하므로 전체 문단이 현재 시제로 되어 있다. 여기서 that
uses는 using으로 고쳐 쓸 수 있다.

❷ allow가 '허용하다'는 뜻이므로 목적어 quantum computers의 부사가 ing부정
사가 아니라 to부정사로 되어 있음에 유의한다.

❸ much는 비교급을 강조할 때 쓴다. even, far, a lot 등도 마찬가지다. 최상급을 강조할 때는 very, far, ever 등의 부사를 쓴다.

## 나의 번역

**1** 화석을 증거로 보아, 우리에게 이르는 진화선은 400만 년 전쯤 본격적으로 직립 자세를 취했으며, 250만 년 전경에는 신체가 커지고, 그에 걸맞게 뇌의 용량도 증가했다. 이들 원인(原人)은 일반적으로 오스트랄로피테쿠스 아프리카누스, 호모 하빌리스, 호모 에렉투스로 알려진바, 진화 또한 그 순서대로 진행된 듯하다. 호모 에렉투스는 170만 년 전의 진화계로서, 우리 현대인과 신체 크기가 비슷했지만 뇌 크기는 여전히 절반에도 미치지 못했다. 250만 년 전쯤 석기가 일반화하기는 했어도 기껏 조잡한 편석기나 깐석기에 불과했다. 동물학적 가치와 특징으로 볼 때 호모 에렉투스는 분명 유인원 이상의 존재였다. 하지만 현생인류가 되기에는 아직 많이 부족했다.

**2** 양자컴퓨팅은 컴퓨팅의 종류이며 양자역학의 원리를 사용하여 계산을 수행한다. 기존 컴퓨팅에서는 정보를 비트로 저장하고, 비트가 0 또는 1을 나타내지만, 양자컴퓨팅에서는 정보 저장이 양자비트, 즉 큐비트 단위로 이루어지며 이는 0과 1을 동시에 나타낼 수 있다.
따라서 양자컴퓨터는 특정 유형의 계산을 기존 컴퓨터보다 훨씬 빠르게 수행한다. 예를 들어, 양자컴퓨터는 기존 컴퓨터보다 훨씬 빠르게 큰 숫자를 인수분해하는데, 이는 암호화와 같은 작업에 중요하다.
양자컴퓨팅은 아직 초기 단계이며 주로 연구 목적으로 사용된다. 하지만 잠재력이 크기에 향후 암호화, 최적화, 머신러닝과 같은 분야에 혁신을 일으킬 것이다.

# 진행상과 완료상은 시제와 어떤 차이가 있을까

"아빠, 아빠는 영어공부를 어떻게 했어? 나도 잘하고 싶은데 잘 안 돼서….."

"아빠? 아빠는 영어를 오래 했잖아. 넌 이제 시작이고."

"힝, 그래도. 영어를 어떻게 하면 잘할까? 나도 술술 읽어 내려가고 싶은데."

글쎄다, 공부에는 왕도가 없으니 무엇보다 꾸준한 노력이 제일 필요하겠지? 다른 공부도 그렇지만 영어공부도 절실해야 해. 네가 취업 때문에 아빠한테 도움을 청한 것처럼. 그 절실함이 오래오래 이어지길 바란다. 영어책을 술술 읽는 그날까지.

꾸준히 하려면 아무래도 목표를 정하고 공부를 일상 루틴(routine)으로 만드는 게 좋겠지? 예를 들면, 『해리포터』시리즈를 3개월 안에 읽겠다는 목표를 정한 다음, 하루에 5페이지씩 읽는 거야. 다른 방법으로, 내가 아는 사람은 중학교 시절부터 자기 전에 30분씩 꼭 영어테이프를 들었다고 했어. 그래, 그 과정을 매일매일 기록하는 것도 도움이 되겠네.

몇 가지 조언을 하자면, 이렇게 한번 해봐. 글을 읽을 때 반드시 도움이 될 거야.

1. 기본 구조를 익힌다.

공부할 내용이 이제 얼마 남지 않았어. 앞으로 공부할 내용을 포함해서 지금까지 아빠와 함께 공부한 내용을 숙지해둬. 그럼 글을 읽을 때 도움이 되고 실력 향상에 속도가 붙을 거야.

2. 어휘력을 키운다.

영어공부의 90퍼센트는 어휘력이야. 책을 잘 읽으려면 아무래도 어휘와 표현을 많이 알아야 해. 새로운 단어나 숙어를 그때그때 정리해서 기억해둬.

3. 문맥을 활용한다.

새로운 단어가 나왔다고 해서 바로 찾아보지 말고, 문맥 속에서 그 뜻을 추론해봐. 그렇게 하면 어휘를 암기하기도 쉽고, 영어 글을 이해하는 능력도 금세 좋아질 거야.

4. 발음에 집중한다.

영어 뜻을 안다고 발음을 게을리하면 책을 읽는 재미가 없겠지? 새로운 단어가 나오면 그 뜻을 아는 데만 그치지 말고, 발음 규칙에 따라 소리를 내어 읽어봐. 재미도 있고, 후에 외국인과 대화할 때도 크게 도움이 될 거야.

5. 첨단기술을 활용한다.

너도 앱으로 회화 공부를 한다고 했지? 아빠가 공부할 때와 달리 요즘엔 신기술이 많이 발달했더라. 챗GPT와 함께 회화 연습을 해도 좋고, 단어 공부 앱으로 어휘 실력을 늘릴 수도 있을 거야. 좋은 동영상도 많으니까 공부하겠다는 의지만 있으면 방법은 여러 가지야.

6. 독서량을 늘린다.

꼭 영어책이 아니라도 좋아. 독서량이 많으면 표현력이 좋아지고 생각도 넓고 깊어져. 영어를 쓰거나 말할 때도 큰 도움이 될 거야. 영어라는 하드웨어만 갖추고 그 안에 넣을 소프트웨어가 없으면 무슨 소용이겠어. 아빠는 독서가 곧 공부라고 믿고 있어.

무엇보다 포기하지 않고 꾸준히 이어나가는 게 중요해.

그런 의미에서 아빠도 네 건투를 빌어줄게. 파이팅.

"

## 변화의 여지가 있는 진행상

다시 강조하자면 진행상과 완료상을 쓰려면 어느 시점을 끊을지 반드시 조건을 제시해야 해. 과거진행상은 과거의 일정 시점, 미래진행상은 미래의 일정 시점이 기준이겠지. 예를 들어, '그는 내일 9시에 집에 오고 있을 거야.'는 영어로 'He will be returning home at 9 tomorrow.'가 돼. 'return'은 지속성 동사이고 'at 9'은 '순간'을 나타내는 조건이라서 *'He will return home at 9 tormorrow.'와 같은 식으로는 쓸 수 없단다.
직접 작문을 몇 개 해보자.

① 어제 우리가 영화를 보는데 전기가 나갔어.
② 우리가 집에 도착할 때면 아기들이 자고 있을 거야.

이렇게 생각해보자. 영화를 보는 시간은 두 시간이고(durative), 전기가 나가는 시간은 순간이지(punctual). 순간이라는 조건이 있으니까 주절의 동사는 진행상으로 써야겠지? 마찬가지로, 아기들이 자는 시간은 지속성이지만 우리가 집에 도착하는 것은 단속성이야. 그럼 'sleep'을 진행상으로 써야 해.

① We were watching a movie when the power went out.
② The babies will be sleeping when we get home.

과거진행상과 미래진행상은 전체의 부분을 나타내는 조건을 보면 되니까 큰 문제는 없어.
좀 더 고민이 필요한 부분은 현재진행상이야. 현재 시제와 미묘하면서도 큰 차이가 있는 데다 조건 자체를 생략할 수 있기 때문이야. 조건이라고 해봐야 now, right now, at this moment 등 '지금', '현재'뿐이니 오히려 쓰는 게 이상하지. 문제는 우리가 종종 시제와 상의 차이를 무시하는 경향이 있다는 거야. 지금까지 배운 것을 다시 강조하자면 단순 시제는 사건 자체를 있는 그대로 얘기할 때 쓰고, 그래서 조건이 필요하지 않아. **진행상은 전체의 일부이기 때문에 미완성이고, 늘 변화의 여지가 있어.** 예를 들어, 다음 두 문장의 차이를 알아보자.

① I go to school.
② I am going to school.

①은 현재 시제, ②는 현재진행상이야. 모두 '나 학교 간다.'라고 해석할 수 있는데, 그 의미는 사뭇 달라.

①은 현재 시제로, 과거, 현재, 미래를 모두 아우른다는 뜻이니까 '난 매일 학교에 가. 그러니까 난 학생이야.' 정도의 의미가 될 거야.

②는 지금을 강조할 뿐, 과거와 미래에 학교를 제대로 다녔는지, 다닐 것인지에 대해서는 관심이 없어. 학생이 학교에 가는 것은 당연한 일이지만, 예전에도 그랬는지 앞으로는 어떻게 변할지 몰라도 아무튼 지금은 학교에 간다고 말하는 거야. 아무래도 톰 소여나 허클베리 핀 같은 말썽꾸러기일 것 같은 생각이 들지. 혹시 학생이 아니라 학교에 다른 볼일이 있어 가는 사람이라면? 아냐, 그때는 school 앞에 the를 붙여야 해. 관사 없이 school을 쓰면 '공부'라는 뜻의 추상명사가 되거든. 이 얘기는 나중에 할 명사 얘기로 넘기고….

대충 뜻을 알겠지? 다음 두 그룹의 뜻을 보면서 시제와 상의 의미를 되새겨 보자.

① Tom and Jerry live in Newyork.
톰과 제리는 뉴욕에 살아요.
사실을 있는 그대로 서술한다.

Tom and Jerry is living in Newyork.

톰과 제리는 지금 뉴욕에 살고 있어요.

전에 다른 곳에 살았거나 앞으로 이사할 수도 있음을 암시한다.

② This machine works well. 이 기계는 잘 돌아가요.

기계의 성능이 좋다는 뜻이다.

This machine is working well. 이 기계 지금은 잘 돌아가요.

예전에 고장이 났고 또 날 수도 있지만 현재는 아무 문제가 없다는 뜻이다.

시제와 상의 기본 차이를 염두에 두면 이해하기가 그렇게 어렵지 않을 거야. 부연 설명을 하자면 바로 그 속성 때문에 진행상으로 쓸 때 약간의 제한이 있기도 하지. 진행상으로 만들기 위해서는 변화의 여지가 있고 또 시간의 길이가 있어야 해. 시간의 길이가 있어야 진행이 가능하기 때문이야.

일단 정태동사는 기본적으로 진행상으로 쓰기가 어려워. 감정이나 지속적인 상태는 변화의 여지가 거의 없기 때문이지. 'I know you.'는 가능해도 *'I am knowing you.'는 불가능해. know는 주어 마음대로 할 수 없는 동사니까. 내가 딸인 너를 아는데(know), 알고 싶지 않다고 해서 모를 수는 없는 일이잖아. 같은 이유에서 주어가 변화할 수 없어도 진행상으로 쓸 수 없어. 'The house stands on a hill.'을 생각해봐. stand는 주어가 능동적으로 움직일 수 있는 동태동사이지만 이 문장에서는 주어가 능동성이 없으니 변화의 가능성이 거의 없지. 중요한 것은 변화의 가능성이야.

단속성동사도 진행상이 가능하지만, 이때는 의미가 달라져서 가까운 미래를 나타내게 돼. 시간의 길이가 없으면 진행도 없으니까. 즉, 'The plane is arriving(곧 비행기가 도착한다).'이나 'He is coming now(그는 이제 곧 올 것이다).' 같은 문장이 되지.

때로는 진행상이 시제처럼 항상 그렇다는 뜻으로 쓰이기도 해. 진행상이

everyday, whenever 등 '항상'을 나타내는 부사 또는 접속사와 함께 있을 때를 말하는 건데, 이럴 때는 종종 '불만'의 감정을 드러내게 된단다.

He is smoking whenever I see him. 쟤는 볼 때마다 담배를 피워.
He is sleeping every day and night. 쟤는 허구한 날 잠만 자.

자, 진행상은 여기까지 하자. 마지막 내용은 예외처럼 얘기했지만 시제와 진행상의 기본 속성을 이해한다면 왜 그렇게 되는지 이해하게 될 거야. 그건 또 공부가 깊어진 다음의 일이 되겠지?

## 시간의 범주를 포함하는 완료상

조건으로 어느 시점을 끊는다는 점에서는 완료상도 진행상과 다르지 않아. 그런데 진행상은 그 시점에만 관심이 있는 반면, 완료상은 그 이전부터 조건 시점까지 어느 정도 시간의 범주를 포함해. 사건이 일어난 시간이 아니라, 그 사건을 포함한 시간의 심리적 범주를 말하는 거야. 즉, 'When I walked in, they had already finished their meal.'라고 했을 때, 식사를 마친 정확한 시간을 모르니까 과거 어느 시점에서 내가 들어간 순간(when I walked in)까지를 그 사건이 일어났을 시간 범주에 포함하는 거야. 아래 그림에서 보면, 곡선으로 표시된 부분이 'finish'라는 사건을 포함하는 범주가 되겠지. 완료는 조건보다 먼저 발생한 사건과 그 사건을 포함하는 시간의 범주를 뜻한단다.

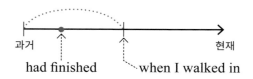

214

우리가 종종 완료상은 경험, 결과, 완료, 계속의 의미를 지닌다고 하는데, 그건 동사의 성격 때문에 그렇게 여기는 것이고, 완료상이 조건 시점까지 과거 시간의 범주를 뜻한다는 근본적인 의미는 변함이 없어. 정리하면 이렇게 구분할 수 있을 거야.

**경험** 단속성동사(발생 횟수와 관련될 때)

By the time you finish this book, you'll have read it three times.

**결과** 단속성동사(한 번만 발생하는 경우)

The cost of living has gone up too much.

**완료** 단속성동사(finished, done 등 완료의 뜻을 지닌 동사일 때)

By the time he joined, we had already finished the project.

**계속** 지속성동사

We had been friends since we were kids before we lost touch.

보다시피 두 번째 현재완료 문장인 'The cost of living has gone up too much.'를 제외하면 모두 조건이 따라붙지? 주로 by, until, for, before, since 같은 전치사나 접속사가 조건으로 쓰여. before 또는 after처럼 시간의 순서를 나타내는 접속사의 경우에는 과거완료상 대신 과거 시제를 쓰기도 하고. 과거완료와 미래완료는 그 의미를 알고 전치사에 주의하면 의미상 크게 어려울 건 없어. 내가 하고 싶은 얘기는 현재완료야. 현재완료를 과거 시제와 같은 의미로 쓰는 사람이 많아. 그런데 과거 시제는 초점이 과거이고, 현재완료상은 엄연히 현재에 대한 얘기야.

여기서 질문! 두 번째 문장 'The cost of living has gone up too much.'는 왜 과거 시제가 아니라 현재완료상일까? 생계비가 오른 것은 과거의 사건인데 말야. 'The cost of living went up too much.'라고 하면 잘못된 표현일까? 둘은 뜻이 다를까? 다르다면 어떻게 다르지?

결론부터 말하면, 과거 시제가 현재와 관계없다는 것을 선언하는 것이라면 현재완료상은 사건이 일어난 실제 시간보다는 그 사건에 대한 현재의 감정, 상황과 관계가 있어. 그러니까 'The cost of living has gone up too much.'는 생계비가 올랐다는 사실보다 그로 인해서 지금 상황이나 마음이 좋지 않다는 데 초점이 있는 거야. 생계비가 올랐는데 그게 지금 상태와는 아무 관계가 없다고 말하는 건 아무래도 좀 이상하지?

마찬가지로 너와 관계없는 사람이 사망했다면 과거 시제를 써도 무방하지만, 사망한 사람이 네가 사랑했던 사람이라면 그 말을 하는 시점인 현재에도 여전히 가슴이 아프지 않겠어? 그럴 때는 과거 시제보다 현재완료 시제가 더 자연스러워. 다음 두 문장을 보면 비교할 수 있을 거야.

Karl Marx died on March 14, 1883, in London, United Kingdom.
My father has been dead.

친구가 놀러 가자고 했는데 다리를 다쳐서 못 간다고 하고 싶을 때 'I've hurt my leg while skiing.' 이렇게 말하면 아쉽다는 표현이 친구에게 전해질 거야. 또 나한테 영화 티켓이 두 장 있어서 친구한테 함께 영화를 보러 가자고 하고 싶을 땐 'I've got two tickets for the hero movie.'라고 말하는 게 좋아. 과거가 아니라 지금이 중요하니까.

마지막으로, 완료진행상은 완료상과 진행상을 더한 거야. 그런데 완료상의 뜻 중에서도 결과, 경험, 완료의 의미가 아니라 '지속'의 의미일 때만 쓸 수 있어. 지금껏 했고 또 여전히 하고 있음을 강조해야 하니까 어떻게 보면 당연하지. 진행의 의미에서 다뤘듯이, 당연히 정태동사는 완료진행상으로 쓰기가 어려워. 감정이나 지속적인 상태는 변화의 여지가 거의 없으니까. 그리고 반복의 의미가 아니면 동사 역시 지속성동사만 쓸 수 있어. 어쨌든 완료진행상은 완료상에 진행의 의미를 더한 것이다, 이 정도로 알고 있자.

① *We have been knowing since last week that the concert was cancelled.

정태동사이므로 완료진행상으로 쓸 수 없다.

② Despite the pandemic, I have been selling more products online than ever before.

단속성동사가 반복의 의미다.

③ I have been studying the market trends in our industry to help inform our business strategy.

지속의 뜻으로 쓰였다.

진행상과 완료상에 대한 얘기는 여기까지야. 시제의 뜻을 충분히 이해했기를 바란다. 시제는 사건에 대한 이야기이고 상은 조건에 대한 이야기라는 점을 잊지 마. 그래서 반드시 조건이 있어야 한다는 것도.

이제 다음 시간에는 미래 얘기를 해볼 생각이야. 정확히는 미래를 나타내는 조동사 will과 shall에 대한 얘기가 될 거야. 현대영어에서 shall은 거의 쓰지 않는다고 하지만 그 변형인 should는 여전히 빈번하게 사용하잖아? 그 때문에라도 will과 shall은 정확히 구분할 필요가 있어. 시제 얘기가 조금 길어졌네. 사실 그만큼 중요한 얘기였지. 그럼 다음 시간에 보자!

다음 문장에서 시제 또는 상이 잘못된 부분이 있으면 바르게 고쳐보세요.

The concert already started when we arrived at the venue.

바른 표현〉 The concert had already started when we arrived at the venue.

우리가 도착하기 전에 이미 시작되었으므로 시제는 과거완료여야 한다.

2

I am remembering the fun times we had together.

바른 표현〉 I remember the fun times we had together.

remember 같은 정태동사는 진행상으로 쓰지 못한다.

3

He finally finishes reading the novel.

바른 표현〉 He finally finished reading the novel.

finish 같은 단속성동사가 일회성의 의미라면 현재 시제로 쓸 수 없다.

**4**

She is having a great sense of humor, and always makes me laugh.

바른 표현 > She has a great sense of humor, and always makes me laugh.
have는 정태동사이므로 진행상으로 쓸 수 없다.

**5**

The villa is commanding a prime location in the heart of the city.

바른 표현 > The villa commands a prime location in the heart of the city.
command는 동태동사이지만, the villa가 의지가 없는 정태이므로 진행
상으로 쓸 수 없다.

**6**

They are working on this project for weeks.

바른 표현 > They have been working on this project for weeks
여기서 for는 몇 주 전부터 지금까지라는 의미이므로 시제는 현재완료상
또는 현재완료진행상이어야 한다.

**7**

Based on their behavior, they are appearing to be hiding something.

바른 표현 ＞ Based on their behavior, they appear to be hiding something.

appear는 정태동사이자 단속성동사다. 따라서 진행상으로 쓸 수 없다.

**8**

They had been finishing the movie by the time I arrived at the cinema.

바른 표현 ＞ They had finished the movie by the time I arrived at the cinema.

finish는 단속성동사이므로 완료진행상으로 쓰지 않는다.

**9**

He lost 10 pounds since he started his fitness journey.

바른 표현 ＞ He has lost 10 pounds since he started his fitness journey.

since가 '~ 이후로'의 의미일 때는 for의 경우처럼 주절을 완료상으로 쓴다.

## 10

They had done a lot of research before purchasing the car.

바른 표현 > They had done (did) a lot of research before purchasing the car.

차를 사기 전까지 조사를 계속했다는 뜻이므로 과거완료상이 옳다. 다만, before, after처럼 선후가 분명한 조건이 붙으면 과거 시제로 써도 무방하다.

## 아빠의 번역

1 우리가 도착했을 때는 이미 콘서트가 시작된 후였다.
2 우리가 함께한 즐거운 때를 기억하고 있어.
3 그는 마침내 소설을 다 읽었다.
4 그녀는 유머 감각이 대단해서 늘 나를 웃게 만든다.
5 그 빌라의 위치는 도시 중심부에서도 노른자에 해당한다.
6 그들은 몇 주째 이 프로젝트에 매달려 있다.
7 그자들 행동을 보아하니 뭔가 숨기는 게 분명하다.
8 내가 극장에 도착할 때쯤 이미 영화는 끝이 났다.
9 그가 피트니스를 시작한 후로 체중이 10파운드 줄었다.
10 그 사람들은 조사를 엄청나게 한 다음, 차를 구매했다.

주어진 표현을 이용하여 우리말을 영어로 바꿔보세요. 필요하면 단어 형태를 바꿀
수 있어요.

그들이 도착할 때쯤 용의자는 흔적도 없이 사라졌다.
(by the time, the suspect, disappeared, trace)

나의 표현 > By the time they arrived, the suspect had disappeared without
a trace.
도착하기 전에 이미 사라졌으므로 과거완료상을 써야 한다.

그 팀은 이번 시즌 홈경기를 모두 이겼다.
(win, home game, season)

나의 표현 > The team has won all their home games this season.
this season이 예전부터 지금까지라는 의미를 포함하므로 시제는 현재
완료상이어야 한다.

그들은 콘서트 티켓을 구하기 위해 몇 시간 동안 줄을 서 있었다.
(in line, to get tickets, the concert)

> **나의 표현** They were waiting in line for hours to get tickets to the concert.
>
> '서 있었다'가 진행의 뜻이므로 과거진행상 또는 과거완료진행상을 쓴다.

### 4

가게로 걸어가다가 고등학교 옛 친구를 만났다.
(as, old friend)

> **나의 표현** As I was walking to the store, I saw my old friend from high school.
>
> saw가 단속성동사이므로 지속성동사인 walk를 진행상으로 한다.

### 5

그 영화는 전에 봤지만 그래도 다시 보았다.
(see, before, watch, anyway)

> **나의 표현** I had seen the movie before, but I watched it again anyway.
>
> watch보다 see가 더 이전이므로 had seen이 좋다.

밑줄 친 부분에 주의하여 다음 글을 읽어보세요.

'The Queen's Looking Glass' is a chapter in the book ※*The Madwoman in the Attic.* In this chapter, two authors explore the idea of the mirror as a symbol in literature ❶ <u>written by women.</u> They argue that the mirror ❷ <u>has been used</u> by male writers to reinforce traditional gender roles and to objectify women. However, women writers ❸ <u>have subverted this symbol,</u> using it to challenge traditional notions of femininity and to explore the complexity of female identity. They try to show us ❹ <u>how women writers</u> ❺ <u>have used literature</u> to resist patriarchal oppression and to assert their own identities.

※ 샌드라 길버트와 수전 구바가 공동으로 쓴 여성문학이론 서적으로, 여성문학에서 여성이 직면한 문제들과 이를 극복하기 위한 여성들의 노력을 다룬다. 제목은 『제인에어』에서 다락방에 갇힌 (로체스터의) 본처 '버사 메이슨'을 상징한다.

(중요 단어)

◆ chapter 장 ◆ explore 탐구하다 ◆ reinforce 강화하다 ◆ objectify 객관화하다, 대상화하다
◆ subvert 전복하다 ◆ challenge 도전하다, 저항하다 ◆ notion 개념 ◆ femininity 여성성
◆ complexity 복잡성 ◆ patriarchal oppression 가부장적 억압 ◆ assert 주장하다

(독해 포인트)

❶ which has been이 생략된 문장이다. 과거부터 이 책이 쓰인 시점까지를 뜻하는데, 지문이 현재 시점으로 되어 있으니 현재완료상이 적합하다.

❷, ❸, ❺ 현재완료상에 주목하여 그 뜻을 헤아려본다.

❹ 동사 show가 이끄는 4형식 문장이므로 직접목적절로 번역한다.

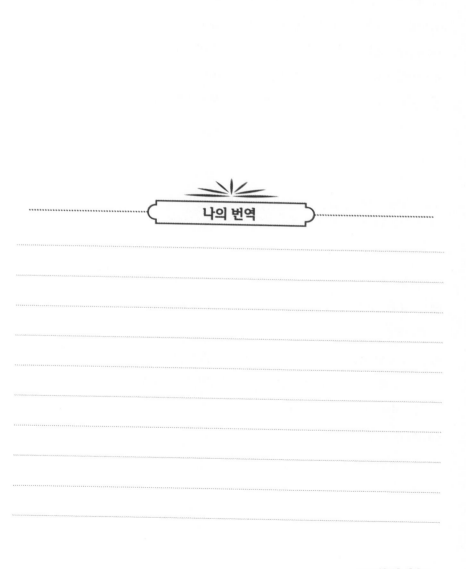

나의 번역

❶ <u>Feminism, as of late,</u> has suffered from a certain guilt by association because we conflate feminism with women who advocate feminism as part of their personal brand. When these figureheads say what we want to hear, we ❷ <u>put them up on the Feminist Pedestal,</u> and when they do something ❸ <u>we don't like,</u> we knock them right off and then say there's something wrong with feminism because our feminist leaders ❹ <u>have failed us.</u> We forget the difference between feminism and Professional Feminists.

(중요 단어)

◆ as of late 최근 ◆ guilt by association 연좌제 ◆ conflate 융합하다, 합체하다 ◆ advocate 옹호하다, 지지하다 ◆ figurehead 허수아비, 간판, 바지사장 ◆ pedestal 받침대

(독해 포인트)

❶ as of late가 '최근'의 뜻으로 가까운 과거부터 지금까지를 의미하기에 현재완료를 썼다.

❷ put someone on a pedestal은 누군가를 (동상) 받침대 위에 올려놓는다는 뜻이다. 즉, 동상으로 기념할 만큼 훌륭한 사람이라는 의미이므로 보통 '누군가를 우러러 받들다'라고 해석한다.

❸ (that) we don't like

❹ 역시 예전부터 지금까지라는 문맥이다.

나의 번역

아빠의 번역

① '여왕의 거울'은 『다락방의 미친 여자』라는 책의 한 장이다. 이 장에서 두 저자는 여성이 쓴 문학작품에서 거울이 상징으로서 어떻게 쓰였는지를 탐구한다. 그들에 따르면, 이제껏 거울은 남성 작가들이 전통적인 성역할을 강화하고 여성을 대상화하는 데 사용되어 왔다. 그러나 여성 작가들은 이 상징을 전복하고 전통적인 여성성 개념에 저항하며, 여성 정체성의 복잡성을 탐구하는 데 사용했다. 그들은 여성 작가들이 문학을 통해 어떻게 가부장적 억압에 저항하고 자신의 정체성을 주장하는지 우리에게 알려주려고 한다.

② 페미니즘은 최근 연좌제로 고생이 많다. 그 이유는 일부 여성이 페미니즘을 지지한다면서 자기 홍보에만 열을 올리고 있건만, 우리는 그들과 페미니즘을 동일시하기 때문이다. 이들 간판스타들이 듣기 좋은 얘기를 해주면 우리는 그들을 페미니스트의 상징으로 우러러 받든다. 하지만 조금이라도 마음에 들지 않으면 가차 없이 떨쳐내고는, 페미니즘은 틀렸다고 투덜댄다. 단지 페미니스트 지도자들한테 실망했다는 이유로. 페미니즘과 페미니스트 운동가는 다르건만 우리는 종종 그 사실을 잊는다.

**DAY 10**  **5형식②**

• 4형식(주어+동사+간접목적어+직접목적어(SVIODO))은

목적어를 두 개 취한다.

• 4형식 동사를 수여동사라고도 한다.

| 수여동사 | give(주다), make(만들어주다), tell(알려주다), teach(가르쳐주다), send(보내주다), lend(빌려주다), sell(팔아주다), show(보여주다) 등 |
|---|---|

• 아래 동사들 역시 '~에게 ~를 주다'라는 의미를 갖고 있지만,

4형식으로 쓰지 않는다.

introduce, explain, provide, present, supply, furnish

**DAY 11**  **시제**

• 시제는 사건 전체를 묘사하는 방식이다.

• 상은 사건 중 일부분을 묘사하는 방식이다. 진행상은 전체 중 어느 순간을

끊어 얘기하는 방식, 완료상은 전체 중 어느 순간에서 다른 순간까지

일정한 시간 범주를 얘기하는 방식이라고 할 수 있다.

| 시제<br>(과거, 현재, 미래) | ① 과거, 현재, 미래의 사건 전체를 아우르는 시간을 설명한다.<br>② 전체적이고 객관적이며, 그 자체로 완성형이다.<br>③ 사건 자체에만 관심이 있다. |
|---|---|
| 상<br>(진행상, 완료상) | ① 시간을 부분적이고 주관적으로 표현한다.<br>② 사건이 아니라 조건에 관심이 있다.<br>③ 전체의 일부를 나타내는 조건이 있어야 한다.<br>④ 조건을 전후로 추이와 변화의 여지가 있다. |

- 현재 시제는 과거, 현재, 미래를 모두 아우르는 표현이므로 현재(now, at this moment)를 나타낼 때 쓸 수 없다.

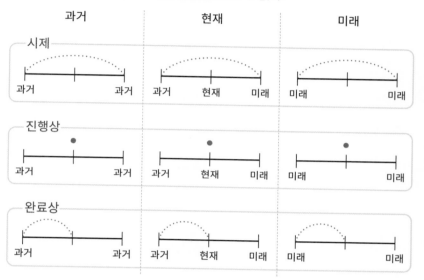

- 시제에 따라 동사를 다음과 같이 구분할 수 있다.

① 지속성동사와 단속성동사

| 지속성동사(일정 기간 지속되는 상태나 행위를 설명하는 동사) | study, swim, cook, work, play, build, grow, write 등 |
|---|---|
| 단속성동사(순간적으로 발생하고 완료되는 동작이나 상태를 설명하는 동사) | break, arrive, stop, begin, start, end, finish, appear, disappear, leave 등 |

② 동태동사와 정태동사

| 동태동사(주어가 수행하는 동작을 설명하는 동사) | run, jump, write, speak, dance, sing, cook, drive, swim, climb 등 |
|---|---|
| 정태동사(동작이나 변화와 관련이 없는 감정 또는 상태를 설명하는 동사) | feel, appear, have, belong, own, like, love, hate, know, remember, belong 등 |

229

- 진행상과 완료상을 쓰려면 반드시 일정 시점의 조건이 필요하다.

  과거진행상은 과거의 일정 시점, 미래진행상은 미래의 일정 시점이 조건이다.

- 진행상은 전체의 일부분이기 때문에 미완성이고, 늘 변화의 여지가 있다.

  현재진행상과 현재 시제의 결정적인 차이점이다.

- 진행상은 조건이 된 특정 시점에만 관심이 있는 반면,

  완료상은 그 이전부터 조건 시점까지 어느 정도 시간의 범주를 포함한다.

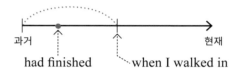

- 과거 시제는 현재와 관계없다고 선언하는 시제이고, 현재완료상은 사건에 관한

  '현재'의 감정, 상황과 관계가 있으므로 엄연히 현재에 관한 시제다.

  과거 시제와 현재완료상의 결정적인 차이점이다.

- 완료진행상은 완료상과 진행상을 더한 것으로, '지속'의 의미일 때만 쓸 수 있다.

# DAY 13

**조동사**

## 미래를 나타내는 조동사 will과 shall은 무엇이 다를까?

"아빠, 난 취업을 하더라도 집 가까운 곳에서 하고 싶어."

"왜?"

"아빠 밥 먹고 다니려고. 밖에서 사 먹을 자신도 없고, 해 먹을 자신도 없어."

글쎄다, 대학 졸업하고 직장 구하면 너도 이제 어른인데 어쨌든 독립을 해야 하지 않을까? 취업할 때까지 2년은 공짜 밥을 해주겠다고 약속했지만, 그거야 취업시장이 워낙 어려우니까 한 얘기고, 직장인이 되면 그땐 사정이 달라지지.

어쨌거나 독립을 하면 자기 먹거리 정도는 직접 마련할 줄 아는 사람이면 좋겠다. 물론 형편과 시간이 허락해야 가능한 일이겠지만. 자기 양식을 자기 손으로 만드는 건 중요한 일이거든.

요리는 사람을 살리는 일이야. 그래서 살림이라고 하지 않니? 너를 살리고 나를 살리고 사랑하는 가족을 살리는 일. 아빠는 20년 넘게 가족 음식을 책임졌지만 한 번도 후회한 적이 없어. 당연하잖아. 사랑하는 사람들을 살리는 일보다 더 중요한 일이 이 세상에 어디 있겠어?

하지만 네가 후일 가정을 꾸린다면, 옛날 어머니처럼, 통념에 따라, 무조건 부엌으로 내밀리지는 마. 직장에서든, 가정에서든, 절대 네 의지에 반하는 선택은 하지 않아야 해. 부엌의 비극은 부엌을 어느 한 사람, 특히 여성의 전유물로 강제하는 데서 비롯된 거야. 사회적 통념은 후회를 부르고 후회는 사람들을 불행하게 만들 뿐이지. 가정에서 음식을 차리는 건 물론 소중한 일이지만 그 소중한 일을 하는 사람이 불행하면 과연 무슨 의미가 있겠니?

네가 가족의 식사를 책임진다면 그 일을 소중하게 여기고, 타인이 맡아준다면 그에게 감사하는 마음을 갖도록 해. 그 사람이 너를 건강하게 해주고 네가 원하는 일을 하게 해주고 네 삶을 지켜주는 것이니까. '집에서 밥이나 하는 사람', '부엌데기'라고 멸시하는 일은 당연히 없어야겠지. 그런 식의 혐오가 부엌을 비천한 공간으로 만들고 살림하는 사람들의 인권과 행복을 짓밟는 거야. 언제 어디서 어떻게 살며 누구의 밥을 먹게 되든, 밥상 너머에도 사람이 있다는 사실을 결코 잊어서는 안 된다.

그런데 얘야, 집 가까운 곳이든, 먼 곳이든, 네가 지금 직장을 고를 처지는 아니지 않아? 어서 빨리 독립해서 이 아빠를 조금이라도 편하게 해주면 안 될까?

**,,**

## 현대영어에서는 이제 shall을 쓰지 않는다

오늘은 미래 얘기를 했으니, 영어공부도 미래로 가보자.

영어에는 동사의 미래 시제가 없단다. 과거 시제, 현재 시제는 동사의 변형으로 표시하지만, 미래는 조동사 will, shall, be going to 또는 미래를 나타내는 부사 따위로 나타내지.

오늘은 그중 대표적인 미래 조동사 will과 shall에 대해 얘기해볼 생각이야. 현대영어, 특히 미국식 영어에서 shall은 'Shall I open the door?', 'Shall we dance?'와 같이 1인칭 의문문에만 남아 있지만, 그 과거형 should 때문에라도 정확히 해둘 필요가 있어. shall이 남아 있던 시절의 문서를 접하는 기회도 있을 수 있고.

아빠가 어렸을 때는 이런 내용을 화자(speaker)의 의지미래, 청자(listener)의 단순미래 같은 식으로 외우게 했어. 사실, 그런 식으로 하면 영어공부가 고달플 뿐 아니라 이해하기 어려울 수밖에 없어. 미래 시제는 그보다 훨씬 단순하게 접근할 필요가 있거든.

아빠가 전에도 얘기했지? 동사는 주어가 세상과 관계 맺는 방식을 뜻한다고. 따라서 동사의 주인은 주어이고, 동사는 주어와의 관계하에서만 의미를 갖는 거야. 우리가 핵심을 놓쳐서 그렇지, will, shall을 포함해서 모든 동사, 조동사는 청자나 화자가 아니라 주어와의 관계하에서만 판단해야 해.

> will: 주어의 의지를 나타낸다.
> shall: 주어의 의지가 아님을 나타낸다.

어때, 아주 간단하지? 1인칭 의문문에서 shall이 남은 이유는 주어인 I의 의지가 아니라 상대의 의지라는 것을 어느 문장보다 가장 확실하게 드러내야 하기 때문이야.

Shall I go now? 저, 이제 가도 돼요?

지금은 shall이 사라지면서 will이 쓰이는 범위가 확대되었다고 하지만 어쨌든 주어의 의지가 아님을 드러내야 하는 문장에는 여전히 shall 또는 should를 사용해야 한다고 생각하면 된단다. 예를 들어 다음 문장에서 괄호 안에는 어떤 미래조동사가 필요할까?

If you miss the apple, my soldiers (　　　) kill your son.

당연히 병사들이 아이를 죽이고 싶어 죽인다는 뜻은 아니겠지? 아마 화자가 그렇게 하라고 시키겠다는 뜻일 거야. 그러니까 이 경우는 주어 my soldiers 의 의지가 아님을 나타내야 하기에 shall이 적당해. 현대영어라면 그보다 are going to를 쓰겠지만 말야.

같은 맥락에서 이렇게 예를 들어보자. 어느 날 비가 많이 오는데 학생 한 명이 오지 않아. 그래서 선생님이 학생들에게 '왜 안 올까?' 하고 걱정하는 말을 해. 그럼 같은 반 학생이 'He will come.'이라고 대답할 거야. 웬만해서 결석할 친구는 아니니까 어떻게든 올 것이라는 학생(he)의 의지(will)를 알려주고 싶은 거야. 그런데 만약에 'He shall come.'이라고 답한다면? 그건 학생(he)의 의지와 무관하다는 뜻이니까(shall) 우리가 가서 끌고 오겠다는 정도의 의미가 되는 거야. 그 차이를 알겠니?

## should에 관한 오해

will과 shall을 구분하려는 이유는 should 때문이야. 가정법으로 많이 쓰이는데 우리가 그 의미를 오해하거나 잘 알지 못하고 있거든. 가정법은 다음 장에서 자세히 다루겠지만 shall의 흔적으로서의 should 얘기는 미리 할 필요가 있을 것 같아.

다음 두 문장의 차이를 알겠니?

① I must go home.
② I should go home.

우리말로 '집에 가야 해.'라고 해석되는 문장들이야. 둘 다 주어의 의지가 아님을 보여주고 있지. must가 100퍼센트 가야 한다는 뜻이라면, should는 50퍼센트 정도로 강제성이 덜하다고들 알고 있지. should는 그러니까 꼭 가야 한다는 얘기는 아닌 거야. '가야 하는데…' 정도의 뜻이랄까?

다만 근본적인 차이가 하나 더 있어. must와 달리 should가 과거형으로 되어 있다는 점에서 ①은 직설법 문장, ②는 가정법 문장이 돼.

다음 장에서 다루겠지만 가정법 문장은 과거로 현재를 말하고, 과거완료로 과거를 말해. 말하자면 시제가 한 단계씩 뒤로 밀리는 거야. 가정법이란 사실이 아니거나 불확실한 사실을 말할 때 쓰는 화법이지. 그러니까 ①이 직설법으로 사실을 말하고 있다면, ②는 거짓이거나 불확실한 사실을 말한다는 얘기야. 당연히 강제 또는 의무의 정도가 약할 수밖에 없지.

이런 흔적은 영어문장 여기저기서 찾을 수 있어.


I recommended that he take a break and get some rest to avoid burnout.


문장 형태가 조금 이상하지? recommended가 과거 시제니까 시제 일치 원칙에 따라 he took a break를 쓰거나 시제가 현재라면 he takes a break, 아니면 take 앞에 조동사라도 있어야 하잖아.

이 문장은 he should take a break에서 should가 생략된 형태야. 내가(I) 제안했으니까(recommend) 주제어 he의 의지가 아님을 보여줘야 하는데, 그 의무 정도가 약해서 가정법(should)을 이용한 것이지.

가정법은 거짓이거나 불확실한 사실을 말한다고 했지? 아빠가 예전에 영어를 배울 때만 해도 가정법에 should를 썼는데, 지금은 시대 변화에 따라 should를 쓰지 않는 게 보다 일반적이라고 해. 물론, 다음 장에서 얘기하겠지만, 가정법 현재에서 should를 생략하는 데서 영향을 받았을 거야.

이렇게 recommend, insist, demand, suggest, require처럼 제안, 추천 등을 뜻하는 동사가 명사절을 이끌면 저렇게 should가 생략된 원형동사를 쓰도록 되어 있어.

늘 가정법 문장이라는 사실을 명심해.

비슷한 유형으로 다음과 같은 문장도 가능해.

It is natural that he feel excited about a new opportunity.

역시 명사절의 feel은 should가 생략된 형태야.

natural처럼 이성적 판단을 드러내는 표현이 명사절을 이끌 때 나타나는 형태란다(237쪽의 TIP 참고). 이성적으로 판단할 때 당연한 일이니까(natural) 명사절의 주어 he의 의지가 아님을 보여줘야 하거든. 역시 강제 의무는 아니기에 가정법을 써서 표현한 거야. 이렇게 이성적 판단을 나타내는 단어는 다음과 같아.

imperative, difficult, necessary, difficult, important, proper, good, wrong 등

자, 이제 will과 shall이 어떻게 다른지 이해하겠니? should 얘기는, 다음 장 내용이 가정법이니까 그때 좀 더 하게 될 거야. 네가 이해할 것은 주어의 의지가 아님을 드러낼 때는 shall 또는 should를 써야 하며, 현대영어에서 should는 생략하는 게 일반적이라는 거야. 알겠지?

자, 다음에는 조건문과 가정법 문장이 왜 어떻게 다른지 알아보기로 하자.

판단이란 어떤 행위의 옳고 그름을 규정하는 행위이며, 평가란 주체 자체의 옳고 그름을 규정하는 행위를 뜻한다. 예를 들어, 'It is difficult that he climb the mountain within two hours.'에서 어려운 것은(difficult) 그가 시간 내에 오르는 행위이며(he climb the mountain within two hours), 그걸 주체인 'he'가 어렵다고 (difficult) 평가할 수는 없다.

반면, 'It was kind that you showed me the way to the station.' 에서는 그가 정거장 가는 길을 가르쳐준 행위도 친절하지만, 그가 친절해서 길을 가르쳐줬다고 말할 수도 있다. 이성적 판단이 주어에 대한 평가로 전이될 수 있다는 뜻이다. 이런 유형의 형용사에는 brave, careless, clever, foolish, good, polite, rash 등이 있다. 이 차이는 두 유형의 문장을 생략해 to부정사 구문을 만들 때 유용하다.

이성적 판단의 문장은 'It ~ for ~ to ~'의 유형으로 만들 수 있다. 예를 들어 위의 문장은 'It is difficult for him to climb the mountain within two hours.'로 만들 수 있다.

감성적 평가의 경우는 'It ~ of ~ to ~' 유형이다. 마찬가지로 위의 문장을 'It was kind of you to show me the way to the station.' 으로 고칠 수 있다. 다만 이성적 판단과 달리 감성적 평가의 경우는 행위뿐 아니라 행위의 주체를 규정, 수식하기도 하므로 of you로 가주어 it을 대체할 수 있다.

You were kind to show me the way to the station.

다음 문장들을 이성적 판단 또는 감성적 평가에 따라 to부정사 구문으로 만들어보자.

It is imperative that he crave social interaction after a period of isolation.
⇨ It is imperative for him to crave social interaction after a period of isolation.

It is polite that she listens attentively when someone is speaking to her.
⇨ It is polite of her to listen attentively when someone is speaking to her.
⇨ She is polite to listen attentively when someone is speaking to her.

다음 문장을 생략하여 부정사 구문으로 만들거나 부정사를 'It ~ that ~' 구문으로
만들어보세요.

It was careless that I left the stove on while I went out.

It was careless of me to leave the stove on while I went out.
I was careless to leave the stove on while I went out.
careless가 감성적 평가의 범주이므로 'It ~ of ~ to ~'의 구조로 만들 수 있고, 주제
어가 가주어를 대체할 수도 있다.

It was imperative for the doctor to act quickly to save the patient's life.

It was imperative that the doctor act quickly to save the patient's life.
imperative가 이성적 판단의 형용사이므로 the doctor should act에서 should를
생략했다.

The politician was honest to admit to his mistake.

It was honest that the politician admitted to his mistake.
가주어 it를 복원하고 the politician을 주제어의 위치에 두었다.

**4**

It was natural for the parents to teach their children about safety and responsibility.

It was natural that the parents teach their children about safety and responsibility.

natural이 이성적 판단의 형용사이므로 the parents should teach에서 should를 생략했다.

**5**

It was foolish of him to go hiking alone in the wilderness without proper gear.

It was foolish that he went hiking alone in the wilderness without proper gear.

가주어 it를 복원하고 he를 주제어의 위치에 두었다.

**아빠의 번역**

**1** 스토브를 켠 채로 외출하다니, 내가 정말 부주의했다.
**2** 환자의 생명을 구하려면 무엇보다 의사의 행동이 민첩해야 한다.
**3** 그 정치가는 정직하게도 자기 실수를 인정했다.
**4** 부모는 당연히 아이들에게 안전과 책임감을 가르쳐야 한다.
**5** 그는 혼자 황야로 하이킹을 떠나면서도 어리석게 장비를 제대로 챙기지 않았다.

다음 문장에서 잘못된 부분을 찾아 올바르게 고쳐보세요.

**1**

It was honest for them to return the wallet they found on the street to its owner.

바른 표현 > It was honest **of** them to return the wallet they found on the street to its owner.

honest가 감성적 평가의 형용사이므로 for가 아니라 of여야 한다.

**2**

It was imperative that the students would study hard to pass the final exam.

바른 표현 > It was imperative that the students **study** hard to pass the final exam.

imperative가 이성적 판단의 형용사이므로 should가 생략된 형태의 원형동사 study가 와야 한다.

**3**

He suggested that she postpones the meeting until next week when everyone is available.

바른 표현 ▷ He suggested that she postpone the meeting until next week when everyone is available.

'제안하다', '조언하다'는 뜻의 명사절에는 should가 생략된 형태의 원형 동사 postpone이 와야 한다.

It was natural of the organization to provide support to those in need.

바른 표현 ▷ It was natural for the organization to provide support to those in need.

natural이 이성적 판단의 형용사이므로 of가 아니라 for가 옳다.

They recommended that we should collaborate with other organizations to expand our reach.

바른 표현 ▷ They recommended that we collaborate with other organizations to expand our reach.

현대영어에서는 should를 생략하는 것이 더 자연스럽다.

**아빠의 번역**

**1** 길에서 주운 지갑을 주인에게 돌려준 것은 정직한 행동이었다.
**2** 학생들은 기말시험에 합격하기 위해 열심히 공부하는 것이 필수적이었다.
**3** 그는 그녀에게 모두가 가능한 다음 주까지 회의를 연기하자고 제안했다.
**4** 조직이 도움이 필요한 사람들에게 지원을 제공하는 것은 당연한 일이었다.
**5** 그들은 우리의 범위를 넓히기 위해 다른 조직과 협력할 것을 권장했다.

주어진 표현을 이용하여 우리말을 영어로 바꿔보세요.

**1**

친구들을 불러서 바비큐를 대접할까?

(invite over, barbecue)

나의 표현 > Shall we invite our friends over for a barbecue?

1인칭 의문문에서는 shall로 자신의 의지가 아님을 드러낸다.

**2**

온라인이든, 만나서든 친구들을 괴롭히는 것은 나쁘다.

(harass, online, in person)

나의 표현 > It is wrong to harass your friends online or in person.

'It is wrong for us to harass your friends online or in person.' 정도
로 쓸 수 있는데, for us는 일반주어이기에 생략해도 좋다.

**3**

경관은 그녀에게 다른 길로 돌아가 교통 정체를 피하라고 제안했다.

(suggest, take a different route, avoid traffic)

나의 표현 > The policeman suggested that she take a different route to
avoid traffic.

suggest의 명사절에는 should가 생략된 형태의 원형동사가 온다.

**4**

그녀는 정직하게도 자기 잘못을 인정하고 사과했다.
(admit, apologize for, behavior)

나의 표현 > It was honest of her to admit that she was wrong and apologize
for her behavior.

honest가 감성적 평가의 형용사이므로 'She was honest to admit that
she was wrong and apologize for her behavior.'로 쓸 수도 있다.

**5**

내 아들은 새로운 학교에 제대로 적응하지 못했다.
(difficult, adjust)

나의 표현 > It was difficult that my son adjust to a new school.

'It was difficult for my son to adjust to a new school.'로 쓸 수도 있
는데, 문장 길이가 마찬가지이므로 별 의미는 없다.

밑줄 친 부분에 주의하여 다음 글을 읽어보세요.

❶ If the Earth were to end, it would be a cataclysmic event for all life on our planet. The thought of such a scenario is both terrifying and intriguing. However, ❷ it is important that we remember that this is a hypothetical situation, and ❸ I suggest we take measures to prevent such an outcome as soon as possible.

If the Earth were to end, it would mean the destruction of all living beings and ecosystems. The beauty of nature, the diversity of species, and the complexity of life would be lost forever. ❹ It is hard to imagine a world without the vibrant colors of a sunrise, the sound of birds singing, or the smell of freshly-cut grass. The loss of these experiences would be a tragedy beyond measure.

중요 단어

◆cataclysmic 대재앙의, 격변의 ◆planet 행성 ◆terrifying 두려운, 위협적인 ◆intriguing
흥미로운 ◆hypothetical 가상의, 가설의 ◆take measures to ~ ~ 할 조치를 취하다 ◆outcome
결과, 귀추 ◆destruction 파멸 ◆living being 생명체 ◆ecosystem 생태계 ◆diversity 다양성
◆species 종(種, 생물 분류의 기초 단위) ◆complexity 복잡성 ◆vibrant 생생한 ◆beyond
measure 몹시, 매우

독해 포인트

❶ 불가능한 상황이라고 여겨 were to를 활용한 점에 주의할 필요가 있다(DAY 14참고).
❷ important가 이성적 판단의 형용사이기에 should가 생략된 원형동사
    remember가 왔다.

246

❸ suggest의 영향을 받아 should가 생략된 형태의 take measures로 썼다. we 앞에는 명사절 접속사 that이 생략되었다.

❹ It은 가주어이고, to 이하가 진주어다. 가주어를 쓰는 이유는 영어의 구조를 쉽게 보기 위해서다. to 이하를 주어로 하면 주어가 너무 길어서 문장구조를 파악하기가 어렵다.

---

## 나의 번역

## 2

**❶** <u>Since the beginning of the current wars in Iraq and Afghanistan,</u> growing numbers of veterans **❷** <u>have been diagnosed</u> with post-traumatic stress disorder and treated for the condition. Symptoms include recurring nightmares, severe depression, and suicide. At least three hundred thousand veterans reportedly suffer from traumatic stress or major depression. Advocates for these veterans **❸** <u>have proposed</u> that **❹** <u>they, too, should qualify</u> for the Purple Heart. **❺** <u>Since</u> psychological injuries can be at least as debilitating as physical ones,

중요 단어

◆ current 현재의, 당대의 ◆ veteran 참전용사, 베테랑 ◆ diagnose 진단하다 ◆ post-traumatic stress disorder 외상 후 스트레스 장애 ◆ symptom 징후, 증세 ◆ recurring 반복적인 ◆ depression 우울증 ◆ suicide 자살, 자결 ◆ reportedly 전하는 바에 따르면, 소문에 의하면 ◆ suffer from ~ ~로 고통받다, ~로 고생하다 ◆ traumatic stress 외상성 스트레스 ◆ advocate 옹호자, 지지자 ◆ qualify for ~ ~의 자격을 얻다 ◆ Purple Heart 상이기장(상이군인에게 수여하는 훈장) ◆ psychological injury 심리 손상 ◆ debilitating 쇠약하게 만들다

독해 포인트

**❶** since가 '~ 이후로'의 뜻인 경우, 주절의 시제는 완료상이어야 한다.

**❷, ❸** 문맥상 '예전부터 지금까지'의 의미이므로 완료상이 옳다.

**❹** '제안하다', '조언하다'를 뜻하는 어휘가 명사절을 이끄는 경우, 명사절은 주어의 의지가 아님을 나타내야 한다. 그래서 주어의 의지가 아니라는 의미의 should가 들어가는데, 현대영어에서는 이 should를 생략하는 것이 일반적이다.

**❺** 여기서 since는 '~이므로'의 뜻이다.

## 나의 번역

아빠의 번역

**1** 지구가 멸망한다면 우리 행성의 모든 생명체에게 대재앙이 될 것이다. 이러한 시나리오를 생각하면 두렵기도 하고 흥미롭기도 하다. 그러나 중요한 것은 이것이 가상 상황이라는 점을 기억해야 한다. 따라서 나는 최대한 빨리 예방 조치를 취할 것을 제안한다.
지구가 멸망한다면 이는 모든 생명체와 생태계의 파괴를 의미할 것이다. 자연의 아름다움, 종의 다양성, 생명의 복잡성도 영원히 사라질 것이다. 일출의 생생한 색채, 새들의 노랫소리, 갓 베어낸 풀 냄새가 없는 세상은 상상하기 어렵다. 이들 경험을 빼앗긴다면 우리에게는 더없는 비극이 될 것이다.

**2** 이라크와 아프가니스탄에서 각각 전쟁이 발발한 이후, 참전용사들이 외상 후 스트레스 장애 판정으로 치료받는 사례가 점점 늘어나고 있다. 증세로는 잦은 악몽, 주요 우울증, 자살 등이 있다. 보고에 따르면 적어도 30만 명이 외상성 스트레스 또는 주요 우울증에 시달린다. 참전용사 지지자들은 이들 역시 상이기장을 받아야 한다고 주장한다. 심리 손상이 신체 손상 못지않게 심신을 갉아먹는 한, 당연히 수훈 자격이 있다는 얘기다.

# 조건문과 가정법 문장이 어떤 차이가 있는지 아니?

"아빠, 아빠는 어떻게 그렇게 요리를 잘해? 학교 다니면서 이것저것 다 사 먹어봐도 아빠 음식이 제일 맛있더라."

"아빠 밥 얻어먹으려고 별소리를 다 하네."

"아냐, 아빠는 요리에 천부적인 재능이 있나 봐."

그럴 리가 있겠어? 설마 너도 세상의 모든 어머니가 요리를 좋아하고 요리에 재능이 있어서 부엌에 들어갔다고 믿는 건 아니겠지?

아빠도 처음엔 아무것도 모르고 시작했어. 네 엄마한테 반강제로 부엌을 빼앗았지만 아빠라고 언제 제대로 된 음식을 만들어본 적이 있나… 그리고 그때만 해도 부엌은 원래 여성들의 몫인 줄만 알았어.

뭐든 처음은 있는 법이야. 처음엔 육수가 뭔지도 몰라서 국, 찌개 맛이 매일 밋밋하기만 하고, 밥은 질었다 되었다 들쭉날쭉하고, 반찬은 늘 짜거나 싱거웠지.

그중에서도 나를 제일 괴롭힌 놈이 부엌칼이었어. 남자답게 손은 무디고 성격은 급하다 보니 툭 하면 손가락을 베였지. 김치찌개를 끓인답시고 꽁꽁 언 고기를 썰다가 크게 다친 적도 있고. 나중에야 손끝을 가볍게 말아 재료에 대고 칼질하면 된다는 사실을 알았는데, 그때까지는 왼손이 얼마나 고생을 했겠니.

뭐든 하다 보면 자기도 모르게 조금씩 쌓이는 지식, 상식들이 있어. 요리에서는, 나물은 소금물에 데쳐야 초록빛이 유지되면서 변색을 피할 수 있고, 냉동고기는 다 녹기 전 살짝 얼었을 때 썰어야 썰기가 쉽고, 등 푸른 생선은 기름기가 많아서 프라이팬에 구울 때 식용유가 필요 없다… 이런 것들이 그래.

지금이야 식구들이 주문만 하면 뭐든 뚝딱 만들어낼 정도가 되었지만 처음 부엌에 들어갈 때만 해도 하나하나가 다 넘어야 하는 장벽이고 난관이고 고통이었어. 이 나물은 양념을 뭘로 하지? 죽순은 데쳐야 하나, 삶아야 하나? 계란 프라이를 하려면 기름을 얼마나 부어야 하지?

요리책도 별로 소용이 없었어. 결국 시간이 약이었다는 얘기야. 실패에 실패를 거듭하다 보면 깨닫게 되는 지식들이 있고, 수없이 시행착오를 겪다 보면 그만큼 경험을 얻게 돼. 내가 처음 부엌에 들어간 이후 오랫동안 고생하며 깨달은 바가 하나 있단다.

직접 경험하지 않으면 아무것도 알지 못하고
실패해보지 않으면 아무것도 깨닫지 못한다.

너한테 답을 일러주는 대신 직접 해보도록 끊임없이 유도하는 것도 바로 그래서야. 그래야 깨달음이 더욱 커진다고 믿기 때문이지.

그러니 너도 불평 좀 그만하렴.

99

# 조건과 가정의 시제 차이

자, 오늘은 가정법 얘기를 하기로 했지?

다음 두 문장은 어떤 차이가 있을까?

① If you saw her, you should have let me know.

② If you had seen her, you should have let me know.

우리말로 번역하면 둘 다 '네가 그녀를 봤다면 내게 알렸어야 해.' 정도가 되는데, ①은 조건문과 가정법 문장이 섞여 있고, ②는 가정법 문장이야. 그러니까 조건과 가정의 차이를 알아야 할 거야.

대표적으로 똑같이 if를 사용하지만, 조건문과 가정법 문장은 서로 완전히 달라. 조건은 사실에 대한 얘기인 반면, 가정은 사실이 아니거나 가능성이 희박한 일에 대한 얘기거든. 그래서 조건문은 직설법처럼 시제를 그대로 쓰지만, 가정법 문장은 한 단계씩 낮춰 써야 해. 현재는 과거 시제로, 과거는 과거완료상으로. 그러니까 앞 문장은 이렇게 나눠서 봐야겠지?

① If you saw her, you should have let me know.
   조건절(사실)          가정법 문장(거짓)

② If you had seen her, you should have let me know.
   가정절(거짓)           가정법 문장(거짓)

①의 if절이 가정법 문장이면 시제가 현재여야 하니까 뒤의 문장과 시제가 맞지 않아. 그래서 if절은 사실, 주절은 거짓이야. 그러니까 왜 그녀를 봤는데 얘기하지 않았느냐는 의미가 돼. 그리고 ②는 보지 못해서 얘기하지 못했다는 뜻이 되고. 알겠지?

네가 영어로 글을 쓸 때도 그 점을 기억해야 해. 예를 들어, '내일 비가 오면 병원에 가지 않을 거야.'라는 문장을 영어로 쓴다고 가정해보자. 네가 쓸 수 있는 방안은 두 가지가 될 거야.

① If it rains tomorrow, I won't go to the doctor.
② If it rain tomorrow, I wouldn't go to the doctor.

우리말로는 똑같아 보이지만 ①은 조건문이고, ②는 가정법 문장이라는 점에서 두 문장은 뜻이 달라. 즉, ①은 내일 비가 올 가능성이 많다고 네가 인정한다는 뜻이야. 물론 ②는 비가 올 가능성이 희박하다고 생각한다는 뜻이겠지. 그러니까 상황이 사실이 아니거나 가능성이 희박한 경우라면 귀찮더라도 다음처럼 가정법 공식에 맞춰서 쓰도록 해. 조건과 가정은 엄연히 다른 얘기니까.

① **가정법 미래(가능성이 없거나 희박한 미래)**

   If + were to + 동사원형(가능성이 없을 때),
   would/should/could/might + 동사원형
   ㉐ If I were to win the lottery, I would buy a new house and travel the world.

   If + 동사원형(가능성이 희박한 경우, should가 생략된 형태),
   would/should/could/might + 동사원형
   ㉐ If he miss the train, he would have to wait for the next one.

② **가정법 과거(사실이 아니거나 가능성이 희박한 현재)**

   If + 과거 시제/were, would/should/could/might + 동사원형
   ㉐ If you studied harder now, you could get better grades in your

exams.

If she were more patient, she would not get angry so easily.

## ③ 가정법 과거완료(사실이 아닌 과거)

If + 과거완료, would/should/could/might + 현재완료

(예) If they had been more organized, they would have been able to finish the project on time.

## 공식이 아닌 문맥으로 판단하기

여기서는 If절이 이끄는 가정법만 얘기했는데, 그게 아닌 경우도 많아. 예를 들어, 『빨간 머리 앤』에 "You are so smart, Ann, I never would've thought to sell poems for train fares."라는 문장이 나와. If는 없지만 과거 사실과 다른 얘기를 하기에 "I never would've thought to sell poems for train fares."라고 가정법 과거완료를 사용한 거야.

'I wish I had more free time to pursue my hobbies.'처럼 동사 wish도 가정법 문장을 이끌 수 있고, to부정사가 if절을 대신할 수도 있어.

그리고 지난 시간에 recommend, insist, demand, suggest, require처럼 제안, 추천 등을 뜻하는 동사가 명사절을 이끌면 should가 생략된 원형동사를 쓰도록 되어 있고, 그 이유는 가정법이기 때문이라는 얘기를 했잖아? 앞에서 정리한 가정법 공식의 가정법 미래 두 번째 문장처럼. 그런데 그런 문장도 개연성이 충분하면 가정법이 아닌 직설법을 쓰기도 해. 예를 들면, 'The newspaper suggested that the recent heatwave is due to climate change.' 같은 문장이지. 최근의 혹서가 기후변화 탓일 개연성이 충분하다는 뜻이겠지. 그러니까 단순히 공식에 의존하지 말고 조건과 가정의 의미를 정확히 이해해야 해.

문맥상 사실이거나 충분히 가능성이 있다면 조건문, 즉 직설법 문장으로 쓰고, 사실이 아니거나 가능성이 희박하다고 판단되면 가정법 문장으로 쓰고 이해하는 거야. 공식과 상관없이. 무슨 말인지 알겠지?

그럼, 이쯤에서 연습을 좀 해볼까?

다음 문장을 가정법 규칙에 맞춰서 영어로 바꿔보자.

① 남자가 아이를 낳는다면, 세상이 좀 더 평등해질까? (가능성이 없는 미래)

　　If men were to have children, would the world be more equal?

② 다음 달에 사장이 봉급을 인상해주면 얼마나 좋을까? (가능성이 희박한 미래)

　　How great would it be if the boss give me a raise next month?

③ 키가 조금만 더 크면 책장 꼭대기에 손이 닿을 수 있을 텐데. (불가능한 현재)

　　If I were taller, I could reach the top shelf.

④ 우리가 조금 더 일찍 떠났다면 교통 정체에 걸리지 않았을 거야. (과거 사실에 대한 거짓)

　　If we had left earlier, we could have avoided the traffic.

자, 이제 아빠의 영어 이야기도 막바지에 접어드는구나. 물론 그렇다고 해서 영어공부가 끝난다는 말은 아니야. 이 이야기는 영어공부의 시작이지, 끝이 될 수 없어. 외국어 공부는 꾸준함이 가장 중요한 법이니까.

구조와는 조금 거리가 있지만 다음 시간에는 마지막으로 명사 얘기를 해볼 참이다. 명사와 관사를 함께 다루는 시간이기 때문에 꽤나 복잡하고 어렵게 느껴질 거야. 그럼 오늘은 여기까지 하자.

다음 괄호 안의 원형동사를 주어진 상황에 맞춰 올바르게 써보세요.

I wish I (listen) to my parents' advice when I was younger.
(과거의 이루지 못한 일)

바른 표현 > I wish I had listened to my parents' advice when I was
younger.

wish는 가정법 목적절을 받는다. 과거의 반대이므로 과거완료로 쓴다.

If you (tell) me the truth, I (be) so upset. (과거 사실에 대한 반대)

바른 표현 > If you had told me the truth, I wouldn't have been so upset.
과거 사실에 대한 반대이므로 과거완료상이어야 한다.

If I (have) the money, I (buy) a house in the mountains.
(현재 사실에 대한 반대)

바른 표현 > If I had the money, I would buy a house in the mountains.
현재 사실에 대한 반대는 과거 시제로 쓴다.

**4**

It's essential that she (finish) the project by the deadline.

(이성적 판단의 결과)

바른 표현 > It's essential that she finish the project by the deadline.

essential이 이성적 판단을 의미하므로 should가 생략된 형태의 finish

가 와야 한다.

**5**

If it (be) sunny today, we (have) a picnic in the park.

(현재 사실에 대한 반대)

바른 표현 > If it were sunny today, we could have a picnic in the park.

현재 사실의 반대일 때 be동사는 were를 쓴다.

**6**

We (get) out of this house when it (get) dark. (가능성 있는 미래)

바른 표현 > We will get out of this house when it gets dark.

가능성이 충분하므로 가정법이 아닌 조건문으로 쓴다.

**7**

he (recognize) my sincerity if the sun (rise) in the west? (불가능한 미래)

바른 표현 > Would he recognize my sincerity if the sun were to rise in the west?

불가능한 미래이므로 rise 앞에 were to를 두고, 의문문이므로 would, could, should, might 중 문맥상 적당한 조동사를 주어 앞에 둔다.

**8**

If I (be) late, please start the meeting without me. (가능성이 희박한 미래)

바른 표현 > If I be late, please start the meeting without me.

가능성이 희박한 미래에는 should가 생략된 형태의 원형동사를 쓴다.

## 아빠의 번역

1. 어렸을 때 부모님의 조언을 들었어야 했는데.
2. 네가 사실대로 말했다면 내가 그렇게까지 속상하지 않았을 거야.
3. 나한테 돈이 있다면 산에 있는 집을 살 거야.
4. 그녀는 반드시 마감까지 프로젝트를 끝내야 한다.
5. 오늘 날씨가 좋으면 공원에서 피크닉을 할 수 있을 텐데.
6. 어두워지면 이 집에서 나갈 거야.
7. 태양이 서쪽에서 떠야 그가 내 진심을 알아주려나?
8. 내가 행여 늦으면 나 없이라도 회의를 시작하세요.

주어진 표현을 이용하여 가정법 문장을 영어로 바꿔보세요.

행여 사라진 열쇠를 찾는다면 즉시 너한테 알려줄게.

(missing key, immediately)

나의 표현 > If I find the missing key, I would let you know immediately.

'행여'는 가능성이 희박한 상황을 뜻하므로 가정법 미래를 쓴다.

그가 좀 더 노련하다면 이 상황을 제대로 다룰 거야.

(experienced, handle, situation)

나의 표현 > If he were more experienced, he would handle this situation better.

가정법 과거의 be동사는 무조건 were을 써야 한다.

이 문제의 해결책을 최대한 빨리 찾는 것이 중요하다.

(crucial, solution, as soon as possible)

나의 표현 > It's crucial that we find a solution to this problem as soon as possible.

이성적 판단의 표현(crucial)이 있을 경우 진주어절의 동사는 should가 생략된 형태의 원형을 사용한다.

**4**

그 영화가 아직 상영 중일 때 봤으면 좋았을 텐데.
(wish, movie, still in theaters)

나의 표현 > I wish I had seen the movie when it was still in theaters.
wish는 가정법 문장을 이끈다. 과거 사실에 대한 반대이므로 가정법 과거완료를 쓴다.

**5**

정시에 도착했다면 그들이 기차에 탈 수 있었을 텐데.
(arrive, on time, catch the train)

나의 표현 > If they had arrived on time, they would have caught the train.
과거 사실에 대한 반대이므로 가정법 과거완료를 쓴다.

밑줄 친 부분에 주의하여 다음 글을 읽어보세요.

**1**

A. ❶ <u>If one were to step back</u> and analyze the current state of affairs, ❷ <u>it would become evident that</u> a paradigm shift is necessary for the betterment of society. ❸ <u>Should we continue</u> down this path of negligence, the consequences could be dire. ❹ <u>Were a new approach to be implemented,</u> however, the potential for positive change would be immense.

B. What ❺ <u>if we, as a society, were to shift our</u> focus from material wealth to personal well-being? ❻ <u>It is conceivable that</u> this change would lead to more fulfilling lives and stronger communities. ❼ <u>If only we could let go</u> of our constant pursuit of possessions and status, we might find that there is more to life than what meets the eye.

(중요 단어)

◆ step back 물러나다 ◆ analyze 분석하다, 해부하다 ◆ current 현재의 ◆ state of affairs 상황, 정세 ◆ evident 분명한, 확실한 ◆ paradigm 패러다임, 범례 ◆ shift (동사) 이동하다 / (명사) 변화, 교대근무 ◆ betterment 발전, 향상 ◆ negligence 태만 ◆ consequence 결과 ◆ dire 끔찍한 ◆ implement 시행하다, 이행하다 ◆ potential 잠재력 ◆ positive 긍정적인 / (반대말) negative ◆ immense 엄청난, 어마어마한 ◆ conceivable 상상할 수 있는, 가능한 ◆ fulfilling 보람된 ◆ let go of ~ ~을 내려놓다, ~을 포기하다 ◆ constant 지속적인 ◆ pursuit 추구, 추적 ◆ possession 소유 ◆ status 지위

(독해 포인트)

❶ 불가능한 미래를 상상한다는 의미로 'were to+원형동사'의 형식을 취했다.

❷ it은 가주어, 명사절 that이 진주어다. 가주어는 주로 주어가 길어져서 구조 파악이 어려운 경우에 쓴다.

❸ were to가 불가능한 미래라면, should는 가능성이 희박한 미래를 뜻한다. 이 문장은 if가 생략되고 조동사와 주어가 도치된 형태다. 원래 문장은 'If we should continue ~.'가 된다.

❹ 'If a new approach were to be ~'의 구문에서 If가 생략되면서 동사와 주어가 도치되었다.

❺ 역시 were to 표현으로 불가능한 미래를 나타냈다.

❻ It은 가주어, that절이 진주어다.

❼ 이따금 would, could 같은 조동사가 if절에 쓰이기도 한다.

나의 번역

## 2

Columbus ❶ <u>had been</u> an itinerant peddler of old maps and an assiduous reader of the books by and about the ancient geographers, including Eratosthenes, Strabo and Ptolemy. But ❷ <u>for the Enterprise of the Indies to work, for ships and crews to survive the long voyage, the Earth had to be smaller than Eratosthenes had said.</u> Columbus therefore cheated on his calculations, as the examining faculty of the University of Salamanca quite correctly pointed out. He used the smallest possible circumference of the Earth and the greatest eastward extension of Asia he could find in all the books available to him, and then exaggerated even those. ❸ <u>Had the Americas not been in the way,</u> Columbus' expeditions would have failed utterly.

중요 단어

• itinerant peddler 보부상, 장돌뱅이 • assiduous 근면한, 주도면밀한 • ancient 고대의, 오래된
• geographer 지리학자 • crew 승무원, 동료, 팀원 • voyage 항해 • cheat on ~ ~을 속이다
• calculation 계산 • faculty 교직원, 능력 • point out 지적하다 • circumference 원주, 주변,
상황 • eastward 동쪽으로 • extension 확장, 확대 • available 이용 가능한, 구할 수 있는
• exaggerate 과장하다 • expedition 탐험, 원정 • utterly 완전히

독해 포인트

❶ 기준시점이 cheated이고, 그 전부터 그때까지를 나타내므로 과거완료상이어야 한다.

❷ 'the Earth had to be smaller than Eratosthenes had said for the Enterprise of the Indies to work, for ships and crews to survive the long voyage.'에서

도치된 문장이다. 여기서 'for A to B'는 'A가 B 하기 위하여' 정도로 해석한다.

❸ 'If the Americas had not been in the way,'가 변형된 문장이다. 가정법 조건절에서 if를 생략하려면 주어와 조동사의 순서를 바꿔야 한다. were if not for, should it not been for 같은 구문도 그렇게 나온 것들이다.

---

## 나의 번역

<br><br><br><br><br><br><br><br>

### 아빠의 번역

**1** A. 한발 물러서서 현재 상황을 분석하면 사회 발전을 위해 패러다임 전환이 필요하다는 것이 분명해진다. 이렇듯 태만의 길을 계속 걸어가는 경우 그 결과는 끔찍할 수 있다. 하지만 새로운 접근 방식이 도입된다면 긍정적 변화의 잠재력 또한 놀라울 것이다.
B. 우리가 하나의 사회로서 물질적 부에서 개인의 행복으로 초점을 옮기면 어떨까? 이러한 변화로 말미암아 더 보람된 삶과 더 강력한 공동체로 이어질 가능성은 충분하다. 부와 성공을 향한 부질없는 집착을 내려놓을 수 있다면, 우리의 삶이 눈으로 보는 것보다 풍요롭다는 사실을 알게 될 것이다.

**2** 콜럼버스는 보부상 시절 고지도를 팔고, 독서광답게 에라토스테네스와 스트라본, 프톨레마이오스를 비롯해 고대 지리학자들의 저서와 전기 따위를 탐독했다. 하지만 인도 계획에 성공하고, 선박과 선원들이 장거리 항해에서 살아남으려면, 지구는 에라토스테네스의 가설보다 작아야 했다. 이에 따라, 살라망카 대학 검토위원들이 지적했듯이, 콜럼버스는 계산을 속였다. 자신이 손에 넣은 책에서 제일 작은 지구 둘레를 인용하고 아시아 동쪽으로는 최대한 확대한 자료를 써먹었으며 심지어 그 수치마저 부풀렸다. 도중에 아메리카 대륙을 만났기에 망정이지 그렇지 않았다면 콜럼버스의 탐험은 완전히 실패했을 것이다.

DAY
# 15
명사

## 이 people과 저 people은 뭐가 다를까?

자, 공부는 오늘까지다. 이제부터는 스스로 읽고 어휘를 찾고 이해하려고 노력해야 해. 물론 질문은 언제든 환영이야. 아빠와의 공부는 끝이 아니라 시작이니, 여전히 알아야 할 얘기가 많이 있을 거야.

마지막으로 아빠가 네게 당부할 것이 있어.

너도 학교를 졸업하면 직장인이 되겠지. 다만, 너도 알다시피 지금 우리 사회는 여성 직장인들에게 결코 만만치가 않단다. 남녀의 임금 격차는 OECD 국가에서 최고이고 유리천장(glass ceilings)도 견고하기만 하지. 여성의 인격과 경력을 경시하는 풍토도 여전하고. 당연히 그 속에서 크고 작은 시련이 없지 않을 거야.

그렇다고 해도, 여성으로서 네 능력을 믿고 스스로 목표를 향해 열심히 노력하기를 바란다. 아직 사회가 불공정하다고 해도, 여성이 경력, 역량, 지식 및 자질에 따라 존중받아야 한다는 신념까지 버릴 필요는 없어. 세상은 조금씩 나아지고 있으니까.

상사, 동료와 협동하며 함께 발전할 수 있다면 그보다 좋은 게 없겠지만 세상을 마냥 아름다운 눈으로만 볼 수는 없을 거야. 신입사원이니까 경험 많은 상사의 조언과 도움이 절실하다 해도 공과 사는 철저히 구분할 필요가 있단다.

네 기준을 정하고 상황에 따라 맺고 끊을 수 있는 용기도 있어야 해. 특히 남성 상사들을 조심해. 그들이 늘 옳고 늘 선하다고 생각하지 마.

그리고 문제가 생겼을 때는 당당하게 얘기해. 그 전에 너를 지원해줄 네트워크를 만들어놓을 필요가 있을 거야. 동료, 친구, 물론 가족들이 네트워크가 되겠지. 혼자 고민하고 혼자 싸울 생각 하지 말고, 직장 내 괴롭힘이나 성차별, 성범죄 문제라면 인사팀, 법률지원팀이나 상담서비스팀에 도움을 요청할 수 있고, 성평등을 위해 노력하는 개인과 단체도 어디에나 있어. 이런 문제를 겪는 것이 너 혼자가 아니라는 점을 잊지 마.

물론 남성들과 척지라는 얘기가 아냐. 세상엔 성평등과 인권에 관심 있는 남자들도 얼마든지 있어. 당연히 남녀가 조화롭게 협력하며 살아가는 세상이 가장 바람직하겠지. 아빠도 그런 세상을 바라. 그런데 아쉽게도 남녀를 막론하고 여전히 가부장적이고 반여성적인 사람들이 적지 않아.

그런 문제가 생겼을 때, 그들이 아니라 네가 옳은 것이니까 절대 좌절하거나 포기하지 말아줘. 아빠는 다만 네가 행복하게 사회생활을 할 수 있기를 바랄 뿐이다. 네가 어떤 시련이든 극복하고 이겨내리라 믿어. 꼭 이겨다오.

**99**

## 영어공부를 하며 넘어야 하는 큰 산, 명사

외국어 공부가 어려운 까닭은 어휘가 생소한 탓도 있지만 우리말과 문법구조가 다르기 때문이야. 시제를 보는 방식이 다르고 명사를 사용하는 방식도 다르지. 우리에게 익숙하지 않은 대명사를 좋아하고, 전치사, 관사 등 우리 문법에 없는 요소들도 크게 중요시하거든.

명사 공부가 어려운 이유도 그 때문이야. 명사의 성격에 따라 관사를 함께 쓰거나 쓰지 않기도 하고, 관사의 속성이 달라지면서 명사의 뜻이 바뀌기도 하니까. 전에도 얘기했지만, 'I'm going to school.'과 'I'm going to the school.'의 'school'은 서로 뜻이 달라. 첫 문장은 관사가 없으니 추상명사로 쓰였고 두 번째 문장은 보통명사로 쓰여서 관사가 붙은 거야. 그래서 뜻도 '공부하러 간다.'와 '학교에 볼일 보러 간다.'로 다르지.

이렇게 하나의 명사가 어떻게 쓰이느냐에 따라 뜻과 표현 방식이 달라지는 경우가 아주아주 많단다. 복잡하지? 그래도 영어공부를 위해서는 반드시 넘어야 하는 고개니까 천천히 살펴보기로 하자.

## 부정관사와 정관사

부정관사 'a'와 'an'은 일반적인 사람, 장소 또는 사물 그룹 중 하나를 지칭하는 데 사용돼. 정관사 'the'가 특정하고 구체적인 대상을 언급하는 데 사용되는 것과 다르지.

예를 들어, 'I saw a cat.'이라고 하면 어떤 고양이가 되었든 상관이 없지만, 'I saw the cat.'이라고 하면 이전에 언급되었거나 서로 알고 있는 '유일하고 특정한' 고양이를 뜻하는 거야.

다시 말하면 이런 식이야. 'I saw a cat. The cat is black.' 처음의 고양이는 불특정한 일반 고양이라면 두 번째 고양이는 앞에서 언급했으니 이제 특정하고 특별한 명사가 되었어.

그래서 부정관사는 보통명사이거나 보통명사로 변용된 명사에만 쓰인단다. 하나, 둘, 셋… 하고 셀 수 있기 때문이야.

그에 반해 정관사는 보통명사, 물질명사, 추상명사, 고유명사 등 쓰임이 다양해. 특정하거나 하나밖에 없는 명사이면 되니까.

물질명사, 추상명사를 명사 그대로 쓸 때는 관사를 붙이지 않지만, 한계를 정해 특정한 대상으로 만들면 정관사를 붙일 수 있어. 예를 들어 'Water is made of two hydrogen atoms and one oxygen atom.'에서 보듯이, 물질명사 'water'를 일반적으로 사용할 때는 관사가 없지만, '이 잔 속의 물'처럼 '이 잔 속'으로 물을 특정하면 'the water in this cup'이 되는 거야. 다른 물이 아니라 바로 그 물이어야 하기 때문이지. 그래서 'the universe', 'the sun', 'the moon'처럼 존재가 하나뿐인 명사들은 'the'와 함께 쓴단다.

자, 정리해보자.

> ① 부정관사: 일반적인 대상 중 불특정한 하나를 지칭하며, 보통명사 또는 보통명사로 변용된 추상명사, 물질명사, 고유명사에 쓰인다.
> ② 정관사: 특정하거나 하나뿐인 대상을 지칭한다. 모든 명사에 쓰일 수 있다.

## 보통명사, 물질명사, 추상명사

보통명사, 물질명사, 추상명사의 개념을 아는 것은 그다지 어렵지 않아. 그보다는 그 명사가 보통명사, 물질명사, 추상명사로 쓰였는지를 파악하는 것이 더 중요하지. 대부분의 명사가 세 가지 형태로 모두 사용될 수 있기 때문이야. 사전에 보면 C(countable, 보통명사)와 U(uncountable, 물질 또는 추상명사)가 모두 적힌 명사들을 쉽게 볼 수 있는데, 그 구분이 중요한 것은 아까 school과 the school에서 보았듯이 의미에 영향을 주기 때문이야.
예를 들면 다음 단어들처럼 말야.

**wa:ter** [wɔ́:tər, wát-] n.

Ⓤ
① 물
---------- • cold ~ 냉수(冷水)
---------- • boiling ~ 끓는 물
---------- • whisky and ~ 물 탄 위스키
② (종종 pl.) 넘칠 듯한 많은 물, 바다, 호수, 강; 유수, 파도, 조수; (pl.) 홍수
---------- • Still ~s run deep.《속담》잔잔한 물이 깊다(잘난 사람은 재주를 자랑하지 않는다).
③ (pl.)《문어》바다
---------- • cross the ~s 바다를 건너다
---------- • rough ~s 거친 바다
④ (pl.) 근해, 영해 수역, 해역
---------- • in Korean ~s 한국 근해에서
⑤ (합성어로)수; 화장수;《古》증류주
---------- • soda ~ 탄산수
⑥ 수위, 수심; 흘수(吃水)
---------- • a ship drawing 20 feet ~ 흘수 20피트의 배
---------- • ⇨high water, ⇨low water
⑦ a) ⓊⒸ 분비물, 눈물, 땀, 오줌, 침
---------- • hold one's ~ 소변을 참다
　　b) (보통 the ~(s)) 양수(羊水)
⑧ 물약, 용액; (종종 the ~s) 광천수, 온천
---------- • drink (take) the ~s (탕치 치료를 받는 사람이) 광천수를 마시다
---------- • ⇨lavender water
⑨ Ⓒ (금속·직물의) 물결 무늬

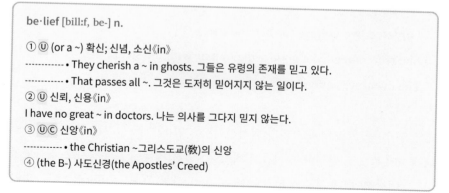

**be·lief** [bili:f, be-] n.

① Ⓤ (or a ~) 확신; 신념, 소신《in》
---------- • They cherish a ~ in ghosts. 그들은 유령의 존재를 믿고 있다.
---------- • That passes all ~. 그것은 도저히 믿어지지 않는 일이다.
② Ⓤ 신뢰, 신용《in》
I have no great ~ in doctors. 나는 의사를 그다지 믿지 않는다.
③ ⓊⒸ 신앙《in》
---------- • the Christian ~그리스도교(敎)의 신앙
④ (the B-) 사도신경(the Apostles' Creed)

그렇지? 한 단어가 U냐 C냐에 따라 의미가 달라지는 것이 보이지? 그러니까 명사를 확인할 때는 어떻게 쓰였는지 꼭 살펴볼 필요가 있어. 그래도 기본적인 차이는 알아둬야겠지?

보통명사와 물질명사는 물체의 모양과 규격이 일정한지의 여부로 구분해. 그 명사의 모양과 규격이 대체로 일정하면 셀 수 있다고(countable) 판단해서 보통명사로 보고, 물체의 모양과 규격이 서로 달라서 하나, 둘, 셀 수 없다고(uncountable) 여겨지면 물질명사가 되는 거야.

물론 water, alcohol, salt, snow, sand 같은 물질은 모양과 규격을 정할 수 없기에 물질명사가 되겠지. 하지만 모양이 명확한 물체일지라도 furniture, stone, bread, baggage, game(사냥감), merchandise 등은 그 개념에 속하는 개별 물체의 모양과 규격이 서로 다르니까 물질명사로 구분해야 해. 예를 들어, chair, cabinet, shelf 들은 모두 furniture에 속하지만 서로 모양과 규격이 다르니까 furniture는 물질명사로 구분해. 단, chair, cabinet 같은 개별 물건을 지칭할 때는 보통명사로 쓸 수 있어. 모양과 규격이 일정하니까. money도 액수가 천차만별이라 셈이 불가능하니까 물질명사겠지.

또 문맥에 따라 모양과 규격이 일정하다고 여겨지는 경우에는 물질명사나 추상명사, 고유명사도 보통명사로 사용할 수 있어. 다음 예를 보자.

① I threw a stone at the dog.

② I ordered two coffees for her and me.

③ She recommended a good wine to pair with the steak.

④ The event was attended by a Tom Cruise.


①의 경우, 돌은 모양과 크기가 일정하지 않지만 개한테 던지는 돌이라고 하면 대개 머릿속으로 일정한 크기를 짐작할 수 있기 때문에 보통명사로 취급되었어. ②에서 밑줄 친 부분은 two cups of coffees를 뜻해. coffee는 셀 수 없지

만 cup은 모양과 규격이 일정한 보통명사지. 마찬가지로 ③의 a good wine 역시 a bottle of good wine의 줄임말이므로 보통명사로 취급할 수 있어. ④는 어떨까? Tom Cruise는 고유명사이지만, 여기서는 부정관사와 함께 써서 Tom Cruise가 아니라 Tom Cruise를 닮은 사람 또는 미남을 뜻하는 보통명사로 취급했어.

추상명사란 love, life, success, kindness, luxury 등 감정이나 개념과 같이 실체가 없는 관념을 지칭하는 명사를 뜻해. 역시 셀 수 없는 명사이기에 일반적으로 부정관사가 붙지 않지만, 역시 보통명사로 변용되어 쓰이는 경우가 있단다. 당연히 본래의 뜻과 달라지겠지? 다음 예를 보자.

① The new product launch was <u>a success</u> and exceeded all our sales targets.
② The garden is <u>a beauty</u> to behold with its colorful blooms.
③ The detective solved <u>two murders</u> remained unsolved for years.

①에서 success는 추상명사 '성공'이 아니라 '성공작'이라는 의미야. ②에서 beauty는 '아름다움'이 아니라 '아름다운 풍경' 또는 '아름다운 것'이라는 뜻의 보통명사로 쓰였어. ③의 murder 역시 '살인'이라는 추상명사가 아니라 '살인사건'이라는 뜻으로 쓰였지.

복잡한 것 같지만 보통명사, 물질명사, 추상명사의 기본 개념만 알면 그렇게 어려운 얘기는 아니야. 물질명사나 부정관사, 또는 고유명사에 부정관사가 있을 때, '아, 이게 보통명사로 쓰였구나' 하고 문맥 속에서 의미를 찾으려고 노력하면 대개 풀리거든. 정 안 되면 사전을 찾아서 C(countable)의 뜻 중 제일 적당한 걸 고르면 되고.

## 군집명사와 집합명사

① cattle(소떼), people(사람들), poultry(가금류), vermin(해충류) 등
② police(경찰), nobility(귀족), clergy(성직자), peasantry(농부) 등
③ family(가족), party(정당), band(동아리), team(팀), choir(성가대), people(민족) 등

대개는 ①과 ②를 군집명사, ③을 집합명사라고 따로 부르는 모양인데, 분류야 아무려면 어때? 구분해서 쓰기만 하면 되지 않을까?
아빠가 영어를 배울 때는 이런 식의 설명을 들었어.

**①은 관사도 못 쓰고 복수로도 쓰지 못하지만 복수로 취급한다.**
**②는 정관사 the를 붙여서 복수로 취급한다.**
**③은 복수로도, 단수로도 쓸 수 있고, 부정관사와 정관사를 모두 쓸 수 있다.**

그런데 이렇게만 설명하고 그 이유는 알려주지 않으면서 무조건 외우라고 하는 거야.
넌, 절대 '무조건'을 믿으면 안 돼. 아무리 어른의 얘기라 해도 '무조건' 따르지 말고 반드시 '왜'인지 물어야 해. 이유를 알아야 실체를 파악하고 대처를 할 수 있지 않겠어? 그렇지 못하면 어리석은 주장에 끌려다니게 될 수도 있단다. 반드시 너 스스로 '왜'에 대한 해답을 구하도록 해. 그래야 삶을 똑바로 바라보고 비로소 민주시민으로 성장할 수 있단다. 꼭 명심하길 바란다.
공부도 마찬가지야. '왜?'에 대한 대답을 구하면 그만큼 암기 대상이 줄고 이해 폭이 넓어져.
그런데 정말 왜 그럴까? 왜 ①은 관사도 못 쓰고 무조건 복수로 취급하고, ②는 정관사와 함께 복수 취급을 하며 ③은 왜 어떤 쪽으로도 다 쓸 수 있을까?

274

세 명사 모두 사람이나 동물 무리를 뜻하는데, 사용하는 형태는 왜 저마다 다르지?

자, 우리 한번 이유를 생각해볼까? 난 그 대답이 관사에 있다고 생각해. 왜 ①은 관사를 쓰지 않는데, ②는 관사가 허용될까? 그런데 또 부정관사는 왜 안 되는 것일까? ③은 왜 단수, 복수로 모두 쓸 수 있다고 할까?

①부터 볼까? 일단 ①을 ②, ③과 구분해서 생각해보자.
①은 문명 이전의 개념이고 ②와 ③은 문명 이후의 개념이야. 즉, ①은 자연 상태에서의 무리, 군집이라고 할 수 있지. 자연 상태에서 소, 사람, 가금의 군집은 모양과 규격을 결정할 수 없단다. 매우 유동적이기 때문이야.
이렇게 생각해보렴. 물이 물 분자의 합인 것처럼 저 단어들도 소, 사람, 가금, 해충 분자의 합이라고 보는 거야. 물처럼 모양과 규격이 일정하지 않기 때문에 물질명사와 성격이 같다고 여기는 것이지. 그래서 관사를 붙이지 못하는 것이고. 다만, 물 분자와 달리 그 구성 요소를 눈으로 볼 수 있기에 복수 취급을 한단다. 다음 문장들처럼 말이지.

Cattle are raised to produce beef, veal, and dairy products.
People do tend to judge others based on their appearance.

그리고 물질명사와 속성이 같기에 'the water in this cup'처럼 한계를 지어주면 정관사를 사용할 수 있게 돼. 'the people in this room'과 같이 쓸 수 있다는 뜻이야.
반면에 ②, ③은 문명 이후의 개념이야. 인간이 만든 군집이라는 뜻이지. 그럼 ②와 ③의 차이는? ②에는 집단 간의 배타성이 없는 반면, ③은 집단 사이의 배타성을 속성으로 하고 있어. 무슨 말인가 하면, 경찰이나 귀족, 성직자는 소속이 달라도 동지라는 의식이 강해. 그래서 부산의 경찰과 서울의 경찰이 함께 단합대회를 하고, 부산의 성직자가 서울의 성당에 와서 미사를 주관할 수 있어.

즉, 그 개념 자체가 하나의 집단, 하나의 계급이라는 뜻이야. 아까 배웠지? the universe, the sun, the earth처럼 하나밖에 없는 명사에는 the를 붙인다고. 다만 이 계급도 구성원들로 이루어진 집단이기에 복수 취급을 하는 거야. 무슨 말인지 알겠니?

③은 집단 간의 배타성을 전제로 만들어진 개념이야. 성직자, 경찰, 귀족 등과 달리, 우리 가족과 옆집 가족이 한 가족이 될 수는 없어. 알다시피 우리나라 정당들은 서로 매일 싸우지 않니? 정당들이 모여서 단합대회를 할 일도 없을 거야. 팀도 이 팀, 저 팀이 다르고.

이 경우 제일 흥미로운 단어는 people이란다. ①의 경우는 자연 상태의 사람들, 즉 물질명사의 속성을 갖지만, ③의 people은 민족이라서 서로 배타성을 갖는 거야. 우리와 일본 민족이 한 민족이 될 수 없듯이 말이야. 그러니까 단수로도, 복수로도 생각할 수 있겠지? 세 가족, 열 개의 팀, 다양한 민족들처럼 말이야.

단, ③의 개념도 ①, ②처럼 그 구성원을 뜻할 때만큼은 복수 취급을 해야 한단다. 'My family always gather together for Thanksgiving dinner.'와 같이.


자, 정리해볼까?


① cattle(소떼), people(사람들), poultry(가금류), vermin(해충류) 등
자연 상태의 집단으로 물질명사처럼 모양과 규격이 유동적이다.
따라서 관사를 쓰지 못하고, 군집이기에 복수 취급을 한다.
다만 한계를 두는 경우에는 물질명사처럼 the를 붙일 수 있다.
㉑ The cattle in this region are known for producing high-quality milk.

② police(경찰), nobility(귀족), clergy(성직자), peasantry(농부) 등

하나의 계급을 뜻하므로 the world, the universe처럼 the를 붙여

사용하되, 군집이므로 복수 취급을 한다.

(예) The clergy provide comfort and support for grieving families

③ family(가족), party(정당), band(동아리), team(팀), choir(성가대),

people(민족) 등

배타성을 전제로 하므로 여러 단위로 셀 수 있다.

따라서 복수로도, 단수로도 쓰인다. 다만 그 개념의 구성원을 뜻할 때는 ①,

②처럼 단수 명사로, 복수 취급을 받는다.

(예) The judge awarded prizes to the top three teams in the

competition.

Every year, my people gather for a traditional harvest festival.


## Korea와 'the' United States

조금 전에 고유명사를 부정관사와 함께 사용하면 보통명사가 되어 작품이나 비슷한 사람 따위를 의미한다고 했지. 고유명사는 셀 수가 없으니 the를 붙이지 않는 게 일반적이지만 지명의 경우에는 종종 the가 붙기도 한단다. 이번에는 정관사가 있는 지명과 그렇지 않은 지명을 구분해보자.

① Japan, Korea, China, Busan, Washington, Mt. Halla, Jeju Island, lake Baikal 등

② the United States, the Netherlands, the Philippines, the Niles, the Han River, the Alps, the Andes 등

①과 ②는 어떤 차이가 있을까? 어떤 차이가 있어서 똑같은 지명인데 정관사

가 있기도 하고 없기도 한 걸까?

그건 의도적으로 한계 또는 경계를 지을 필요가 있는 것과 없는 것의 차이란다. ①의 경우는 행정구역상 그 한계가 이미 명확해서 따로 표시해줄 필요가 없어. 반면에 ②는 다민족이거나, 섬이 많거나, 행정구역상 표시가 명확하지 않아서 경계를 지어줄 필요가 있단다. 그래서 the를 붙여 한계를 표시한 거야. 이해하겠지? the United States, the Netherlands는 다민족 국가이고, the Philippines는 섬으로 이루어진 군도, the Niles, the Han River는 강 이름, the Alps, the Andes는 산이 여러 개 모인 산맥이야.

자, 아빠가 해줄 영어 이야기는 여기서 마치도록 하자. 이제부터는 네가 싸워야 할 몫이 더 크단다. 지금까지의 이야기를 바탕으로 경험을 쌓고, 어휘를 늘리고, 청취 능력도 키워야 해.

사실 아빠는 영어를 가르쳤다기보다 네가 영어공부를 쉽게 하도록 길을 조금 열어준 것밖에 없어. 이렇게 하지 않으면 공부하기가 더 어렵고, 그래서 쉬 포기할까 염려되어서.

공부는 끈기 싸움이란다. 당장은 힘들고 시간 내기가 어려워도 그 끈을 놓지 않고 이어가야 해. 그럼 언젠가 네가 원하는 수준에 이르러 있을 거야. 딸아, 넌 잘할 수 있어.

다음 문장을 읽고 밑줄 친 명사의 뜻을 써보세요. 필요하면 사전을 활용해도 좋아요.

A Mr. Williams dropped off a letter for you last night.

윌리엄스 씨라는 남자

A man named Mr. William의 줄임말이다.

**2**

The journalist wrote <u>a paper</u> exposing corruption in the government, which led to a national scandal.

논문

paper는 종이라는 뜻의 물질명사이지만 여기서는 문맥상 '논문'을 뜻하므로 보통명사로 쓰였다.

**3**

<u>A fire</u> destroyed the historic cathedral, causing irreparable damage to the centuries-old structure.

화재

fire는 모양과 규격을 결정할 수 없는 물질명사이지만 여기서는 셀 수 있는 '화재'의 뜻으로 쓰였다.

**4**

The museum recently acquired <u>a Picasso</u>, and it has quickly become one of the most popular exhibits.

피카소의 그림
Picasso는 고유명사이지만 여기서는 '피카소의 그림'을 뜻하기에 부정관사 a를 붙였다.

**5**

The police officer took <u>a youth</u> caught shoplifting to the station for questioning.

젊은 사람
youth는 추상명사이지만 여기서는 보통명사 '젊은 사람'의 뜻으로 쓰였다.

아빠의 번역

**1** 윌리엄스 씨라는 분이 어젯밤에 당신 편지를 주고 갔다.
**2** 그 기자가 정부의 부패를 폭로하는 기사를 썼는데, 결국 국가적 추문으로 이어졌다.
**3** 화재로 유서 깊은 성당이 소실되고 수백 년 된 건물이 치명적인 피해를 입었다.
**4** 박물관이 최근 피카소의 그림을 입수했는데, 그 그림은 곧바로 최고 인기 전시품으로 부상했다.
**5** 경관은 청소년 한 명을 절도 혐의로 체포한 다음, 경찰서로 데려가 신문했다.

다음 문장을 읽고 괄호 안의 단어에 부정관사, 정관사, 무관사를 표시해보세요.
필요하면 단어 형태를 바꿀 수 있어요.

(injured) were transported to the hospital by ambulance after the car
accident.

The injured were transported to the hospital by ambulance after the car
accident.

'the+형용사'는 복수 보통명사(때로는 추상명사)로 쓰인다. 그래서 동사가 were가
된다. the injured, the rich, the poor 등이 대표적인 예다.

The festival celebrates the music and dance of many different (people)
and cultures.

The festival celebrates the music and dance of many different peoples
and cultures.

cultures로 보아 여기서 people은 '민족'의 뜻으로 쓰였다. 셀 수 있기 때문에
much가 아니라 many로 수식했다는 점에도 유의해야 한다.

**3**

(luggage) was so much that passengers had to wait for a long time to retrieve their bags at the baggage claim area.

The luggage was so much that passengers had to wait for a long time to retrieve their bags at the baggage claim area.

luggage, baggage는 물질명사이므로 관사를 안 붙이지만, 여기서는 특정 공항의 상황이므로 the를 붙인다. luggage의 개별 단위인 bag은 모양과 규격이 일정하므로 보통명사로 취급한다.

**4**

(sand) on the beach was warm and soft beneath my feet.

The sand on the beach was warm and soft beneath my feet.

sand는 물질명사이지만 on the beach로 한정되어 있으므로 the를 붙인다.

**5**

(police) were offering a reward for any information leading to the arrest of the wanted fugitive.

The police were offering a reward for any information leading to the arrest of the wanted fugitive.

police는 배타적인 군집이 아니므로 the를 붙이고 복수 취급을 한다.

아빠의 번역

1 자동차 사고가 난 후 부상자들을 구급차에 실어 병원으로 호송했다.
2 이번 축제는 수많은 민족과 문화의 음악과 춤을 기념한다.
3 짐이 너무 많아서 승객들은 수하물 수취대에서 오랫동안 기다려야 했다.
4 맨발로 모래를 밟으니 따뜻하고 부드러웠다.
5 지명 수배자 체포에 유용한 정보를 제공할 경우 경찰은 보상을 하고 있었다.

주어진 표현을 이용하여 우리말을 영어로 바꿔보세요.

**1**

저 집은 돌로 지었기에 이 오랜 세월이 지났어도 쓰러지지 않았다.
(fall down, after all these years)

나의 표현 > That house is made of stone, and it hasn't fallen down after all
these years.

stone은 모양과 규격이 일정하지 않은 물질명사다.

**2**

Tom이라는 사람이 우리 자선단체에 큰돈을 기부했다.
(donate, a large some of, charity)

나의 표현 > A Mr. Tom donated a large sum of money to our charity.

A man named Mr. Tom의 뜻이므로 a를 붙였다.

**3**

이 동네 사람들은 새로 이사 온 사람들에게 친절하다.
(neighborhood, newcomers)

나의 표현 > The people in this neighborhood are kind to newcomers.

people은 관사를 붙이지 않고 복수 취급을 하지만 이 동네로 한정되어

284

있기에 the를 붙였다.

**4**

부상자들은 전투에서의 무용으로 상이기장(Purple Heart)을 받았다.
(injured, receive, bravery, combat)

나의 표현 > The injured received Purple Hearts for their bravery in combat.
'the+형용사'는 복수 보통명사를 뜻한다.

**5**

그 밴드가 함께 재결합 투어를 한다는 소식에 팬들이 무척 기뻐했다.
(thrilled, get together, for a reunion tour)

나의 표현 > The fans were thrilled when the band got together for a reunion tour.
the band는 복수로도, 단수로도 취급될 수 있는데, 구성원을 뜻할 때는 단수로 복수 취급을 한다. 즉, the band members의 뜻이 된다.

밑줄 친 부분에 주의하여 다음 글을 읽어보세요.

**1**

India is a diverse multiethnic country that ❶ <u>is home to</u> thousands of small ethnic and tribal groups. That complexity developed from a lengthy and involved process of migration and intermarriage. The great urban culture of the Indus civilization, ❷ <u>a society of the Indus River valley that is thought to have been Dravidian-speaking,</u> thrived from roughly 2500 to 1700 BCE. An early Aryan civilization also flourished in the region from about 1500 BCE onward. The Aryans ❸ <u>brought with them a caste system</u> that became India's distinctive social structure. The caste system divided ❹ <u>people</u> into four main categories: Brahmins (priests), Kshatriyas (warriors), Vaishyas (traders), and Shudras (servants). The ❺ <u>peoples</u> of India include Indo-Aryans, Dravidians and Mongoloids.

중요 단어

◆ diverse 다양한 ◆ multiethnic 다인종, 다민족의 / ethnic 인종의, 민족의 ◆ tribal 부족의 ◆ lengthy 길고 지루한, 길고 긴 ◆ involve 포함하다 ◆ migration 이민 ◆ intermarriage 통혼(타종족, 타인종 간의 결혼) ◆ urban 도시의 ◆ valley 계곡 ◆ roughly 대략, 약 ◆ flourish 번성하다, 잘 자라다 ◆ region 지역 ◆ BCE 서기전(Before Common Era의 약어), BC(Before Christ)라고도 쓴다. ◆ onward 계속, 앞으로 ◆ caste system 카스트 제도

독해 포인트

❶ 'be home to ~'는 '~의 고향이다'라는 뜻인데, 여기서는 '모여 산다'로 해석했다.
❷ Indus civilization과 동격이자 삽입구다.

❸ bring의 목적어는 a caste system임에 유의한다.

❹, ❺ people과 peoples의 의미가 다름에 유의한다. people은 사람들, peoples는 민족들을 뜻한다.

**나의 번역**

**2**

Although those Africans of 100,000 years ago had more modern skeletons ❶ <u>than did their Neanderthal contemporaries,</u> they made essentially ❷ <u>the same crude stone tools as Neanderthals,</u> still lacking standardized shapes. They had no preserved ❸ <u>art.</u> To judge from the bone evidence of the animal species ❹ <u>on which they preyed,</u> their hunting skills were unimpressive and mainly directed at ❺ <u>easy-to-kill, not-at-all-dangerous animals.</u> They were not yet in the business of slaughtering buffalo, pigs, and other dangerous prey. They couldn't even catch fish: their sites immediately on the seacoast lack ❻ <u>fishbones</u> and fishhooks. They and their Neanderthal contemporaries still rank as less than fully human.

（중요 단어）

◆ skeleton 해골, 두개골 ◆ contemporary 동시대, 동시대인 ◆ essential 본질적인, 근본적인
◆ lack ~ ~이 결여되다, ~이 부족하다 ◆ standardize 표준화하다 ◆ preserve 보존하다, 지키다 ◆
judge from ~ ~로 판단하다 ◆ prey (동사) 사냥하다 / (명사) 사냥감 ◆ prey on ~ ~을 먹이로 하다, ~을
잡아먹다 ◆ unimpressive 보잘것없는, 평범한 ◆ slaughter 학살하다, 살해하다 ◆ buffalo 버팔로,
물소 ◆ rank (명사) 등급, 지위 / (동사) (등급, 계급 따위를) 정하다

（독해 포인트）

❶ 비교급에서 than 뒤의 주어와 동사는 도치할 수 있다. 단, 문미초점에 따라 강조
의 효과는 달라진다. 따라서 주어가 대명사인 경우에는 도치가 불가능하다.

❷ '~와 같은'의 뜻으로 전치사 as가 쓰인다.

the same A as B: B와 같은 A

288

❸ art는 예술 또는 기술의 의미로 쓰인다. 여기서는 추상명사 '기술'의 뜻이다. 예술 작품이 되려면 보통명사여야 하므로 art는 arts가 된다.

❺ easy-to-kill, not-at-all-dangerous는 조어 형용사이며 animals를 수식한다.

❻ 물고기 뼈가 아니라 물고기 가시라고 해야 한다. 생선에는 가시가 있다.

---

## 나의 번역

**아빠의 번역**

1️⃣ 인도는 다양한 다민족 국가이기에 수천에 달하는 작은 종족과 부족이 함께 모여 산다. 이러한 다양성은 오랜 기간에 걸친 이주와 그에 따른 통혼 과정에서 발전했다. 인더스 문명의 위대한 도시 문화는 인더스강 계곡에서 시작되었으며, 드라비다어를 사용하고, 대략 기원전 2500년에서 1700년 사이에 번성한 것으로 추정된다. 초기 아리아 문명도 바로 그 지역에서는 서기전 1500년경부터 번성했다. 아리아인들은 카스트 제도를 도입해 인도의 독특한 사회 구조를 만들었다. 카스트 제도는 사람들을 네 가지 주요 범주로 나눈다. 브라만(사제), 크샤트리야(전사), 바이샤(상인), 수드라(하인)가 그것이다. 인도 민족으로는 인도 아리아족, 드라비다족, 몽골족 등이 있다.

2️⃣ 10만 년 전 아프리카인들이 동시대 네안데르탈인보다 현생인류의 골격을 닮았다 해도, 석기는 네안데르탈인들만큼이나 조잡하고 모양도 기준이 없었으며, 기술도 남아 있지 않다. 사냥해 잡아먹은 동물의 뼈를 조사한 결과 사냥 기술은 보잘것없었다. 주로 잡기 쉽고, 위험하지 않은 사냥감을 노렸으며, 아직 물소, 돼지 등 야수를 죽일 능력은 없었다. 심지어 물고기를 잡지도 못했던지, 해안가 유적지에도 물고기 가시나 낚싯바늘은 보이지 않았다. 동시대 네안데르탈인과 마찬가지로 이들을 인간이라고 칭하기엔 여전히 부족한 점이 많다.

## DAY 13  조동사

- will, shall 등 조동사 역시 동사처럼 주어와의 관계에 따라 의미를 파악한다.

  **will** 주어의 의지를 나타낸다.

  **shall** 주어의 의지가 아님을 나타낸다.

- 조동사 shall은 이제 많이 쓰이지 않지만, 과거형인 should는 활발히 쓰인다.

  즉, should는 주어의 의지가 아님을 드러내는 문장에서 주로 쓰인다.

- should는 가정법 문장에서 주로 쓰이는 조동사다.

  종종 생략된다는 사실에 유의하여 뉘앙스를 읽어내야 한다.

## DAY 14  가정법

- if는 조건문과 가정법 문장 양쪽에 모두 쓰일 수 있지만 둘은 아주 다른 문장이다.

  **조건문** 사실에 관한 이야기이므로 직설법처럼 시제를 그대로 쓴다.

  **가정법** 사실이 아니거나, 가능성이 희박한 일에 관한 이야기이므로 시제를 한

  단계씩 낮추어 쓴다.

- 가정법 미래는 가능성이 없거나 희박한 미래를 나타낼 때 쓰며,

  주로 다음과 같은 형태로 쓴다.

  **If + were to + 동사원형**(가능성이 없을 때),

  **would/should/could/might + 동사원형**

  **If + 동사원형**(가능성이 희박한 경우, should가 생략된 형태),

  **would/should/could/might + 동사원형**

- 가정법 과거는 사실이 아니거나 가능성이 희박한 현재를 나타낼 때 쓰며,

  주로 다음과 같은 형태로 쓴다.

  **If + 과거 시제/were**,

  **would/should/could/might + 동사원형**

- 가정법 과거완료는 사실이 아닌 과거를 나타낼 때 쓰며,

  주로 다음과 같은 형태로 쓴다.

  **If + 과거완료**, **would/should/could/might + 현재완료**

- 공식과 상관없이 문맥에 따라 조건문인지, 가정법 문장인지를 판단하여 쓰고

  이해해야 한다.

### DAY 15  명사

- 하나의 명사여도 어떻게 쓰이느냐에 따라 뜻과 표현 방식이 달라지는 경우가

  많다.

- 부정관사(a, an)는 일반적인 대상 중 불특정한 하나를 지칭하며,

  주로 셀 수 있는 보통명사나 보통명사로 변용된 추상명사, 물질명사,

  고유명사에 쓰인다.

- 정관사(the)는 특정하거나 하나뿐인 대상을 지칭하므로 모든 명사에 쓰일 수

  있다.

- 대부분의 명사는 문맥에 따라 보통명사, 물질명사, 추상명사 모두로 쓰일 수

  있다.

  ① **보통명사** 문맥상 해당 명사의 모양과 규격이 대체로 일정한 경우

  　　　　　셀 수 있다고 판단해서 보통명사로 본다.

  ② **물질명사** 문맥상 해당 명사의 모양과 규격이 서로 달라서 셀 수 없다고

  　　　　　판단되는 경우 물질명사로 본다. 일반적으로 셀 수 없는

  　　　　　대상이더라도 문맥에 따라 보통명사로 쓸 수 있다.

  ③ **추상명사** love, life, success, kindness, luxury 등 감정이나 개념과 같이

  　　　　　실체가 없는 관념을 지칭하는 명사로, 일반적으로 셀 수 없는

  　　　　　대상이지만 문맥에 따라 보통명사로 쓸 수 있다.

- 명사가 보통명사로 쓰일 경우 관사가 붙으므로 이를 토대로 의미를

  읽어낼 수 있다.

- 정관사가 붙지 않는 지명은 의도적으로 한계 또는 경계를 지을 필요 없이 명확하게 구분되어 있고, 정관사가 붙는 지명은 그 경계가 명확하지 않아 경계를 지어줄 필요가 있는 행정구역이다.

| 정관사가<br>붙지 않는 지명 | Japan, Korea, China, Busan, Washington, Mt. Halla, Jeju Island, lake Baikal 등 |
|---|---|
| 정관사가<br>붙는 지명 | the United States, the Netherlands, the Philippines, the Niles, the Han River, the Alps, the Andes 등 |

- cattle(소떼), people(사람들), poultry(가금류), vermin(해충류) 등은 자연 상태의 집단으로 물질명사처럼 모양과 규격이 유동적이다.
  따라서 관사를 쓰지 못하고, 군집이기에 복수 취급을 한다.
  다만 한계를 두는 경우에는 물질명사처럼 the를 붙일 수 있다.
- police(경찰), nobility(귀족), clergy(성직자), peasantry(농부) 등은 하나의 계급을 뜻하므로 the world, the universe처럼 the를 붙여 사용하되, 군집이므로 복수 취급을 한다.
- family(가족), party(정당), band(동아리), team(팀), choir(성가대), people(민족) 등은 배타성을 전제로 하므로 여러 단위로 셀 수 있다.
  따라서 복수로도, 단수로도 쓰인다. 다만 그 개념의 구성원을 뜻할 때는 단수 명사로 복수 취급을 한다.

딸과의 영어공부는 일단 끝이 났다. 대학 졸업을 앞두고 가열차게 취업 준
비를 하고 몇 차례 고배를 마시더니 졸업 후 운 좋게 마음에 드는 기업에 합
격했다. 지금은 부모 곁을 떠나 회사 인근에 손바닥만 한 방을 구해 독립도
했다.

그간 딸과 함께 영어공부를 하던 나로서는 시원하기도 하고 섭섭하기도
했다. 그 치열하다는 취업 전쟁에서 생존한 것이야 더없이 기특하고 고마운
일이지만, 아직은 가르쳐야 할 내용도 많고 해줄 이야기도 많다. 그런데,
어느 날 갑자기 훌쩍 내 곁을 떠나버린 것이다.

이 책은 그러니까 아쉬움과 허전함을 달래기 위한 아빠의 고육지책인 셈
이다. 이렇게 해서라도 아이에게 전하지 못한 얘기를 마저 들려주고 싶었
다. 각 장을 시작하기 전에 짧게나마 아빠의 걱정과 바람을 에세이로 보탠
것도 그 때문이다. 여성혐오가 여전한 사회에 딸을 내보내면서 해줄 얘기가
어디 영어뿐이겠는가. 아직 걸음마도 서툰 아이이건만 그간 자유와 독립을

핑계로 이 험한 세상에 나설 준비를 못 해준 것이 아닌가 미안했다. 비단 내 딸만은 아니리라. 비뚤어진 세상에 나가 편견과 혐오에 맞서야 하는 딸들이. 이 자리를 빌려 세상의 모든 딸에게 마음으로나마 위로와 용기를 전하고 싶다.

이 책이 나오기까지 많은 도움을 받았다.

무엇보다 이 책의 탄생에 가장 직접적인 영향을 준 내 딸, 윤빈. 고맙다. 네가 바라는 곳까지 마음껏 날개를 펼쳐보렴.

이 책의 기획서만 보고 그 가치를 알아봐준 길벗출판사의 한필훈 이사, 비아북의 한상준 대표께도 감사드린다. 책은 늘 가치를 아는 사람의 것이라고 믿는다.

비아북 편집부에도 고마움을 전하고 싶다. 책의 주인은 저자가 절반, 에디터들이 절반이다. 형편없던 원고를 이렇게 멋지게 변신시켜주었다.

이제야 고백하지만, 이 책에 나오는 영어구조의 상당 부분을 한 사람에게 배웠다. 지금은 한양대학교 총장이신 이기정 선배. 내가 대학교 1학년 때부터 우리 신입생을 상대로 영어를 가르치셨고 대학원에 들어갔을 때도 온갖 신기한 문법을 알려주셨다. 선배님이 아니었으면 처음부터 불가능한 일이었다. 이 자리를 빌려 감사드린다.

마지막으로 이 책을 쓰면서 지치고 힘들어할 때마다 지지해주고 보듬어준 아내와 아들에게도 고마움을 전한다.

가족이 내 힘의 원천이다.

# 딸에게 들려주는 영어수업

조영학 지음

초판 1쇄 발행일 2023년 6월 30일

발행인 | 한상준
편집 | 김민정·강탁준·손지원·최정휴
디자인 | 김경희
마케팅 | 이상민·주영상
관리 | 양은진

발행처 | 비아북(ViaBook Publisher)
출판등록 | 제313-2007-218호(2007년 11월 2일)
주소 | 서울시 마포구 월드컵북로 6길 97(연남동 567-40)
전화 | 02-334-6123 전자우편 | crm@viabook.kr
홈페이지 | viabook.kr

ⓒ 조영학, 2023
ISBN 979-11-92904-11-5 03740

...here his blood had spilled. Another Greek myth tells the story of the nymph Anemone, who was pursued by the god Apollo. When she realize... escape his advances, she prayed to the goddess Artemis for help. Artemis turned Anemone into a flower, which she then hid in the woods to p... ollo's pursuit. In Christian tradition, the anemone is associated with the crucifixion of Jesus Christ. According to legend, when Christ was... his blood fell to the ground and turned into red anemones. In general, the anemone flower is often associated with death, resurrection, prote... d different cultures around the world. Quantum mechanics is a branch of physics that deals with the behavior of particles at a very small scal... ad subatomic particles. It describes how these particles interact with each other and with energy, and it has revolutionized our understand... world. In quantum mechanics, particles exist in multiple states simultaneously, and they can exist in a state of superposition until they are ob... d. This means that particles can appear to be in two places at once, or they can be connected across vast distances in a phenomenon called entan... n mechanics also introduces the concept of uncertainty, which means that we can't know the precise location or velocity of a particle at a... The backlash against feminism can foster negative attitudes towards women by framing feminist concerns as unfounded or exaggerated... te to the normalization of sexism and misogyny, which in turn harms both men and women by perpetuating inequality and perpetuating... about gender roles. Also by rejecting feminist ideas about gender equality, the backlash against feminism can limit men's ability to explore an... n identities outside of traditional gender roles. This may result in men feeling trapped in a rigid definition of masculinity, which can have... ences for their mental health and personal relationships. Loving someone or being loved is a feeling that is hard to put into words. It is a feelin... much joy and happiness, while also providing a sense of security and comfort. Love can be expressed through various actions, such as holdin... ,or simply spending time together. By loving and being loved, we experience many benefits that can enhance our overall well-being. Loving... s release oxytocin, a hormone that helps us feel more relaxed and less stressed. This hormone is also responsible for creating a sense of calmne... us feel more secure and confident. As we enter the era of ChatGPT and other advanced technologies, it is essential for humans to cultivate a min... s to adapt to a rapidly changing world. We need to embrace lifelong learning, creativity, and critical thinking to stay relevant and competitive... We must also develop the ability to collaborate with others and work in this global economy. Building resilience and the ability to bounce ba... and failures is critical in times of rapid change. Finally, we need to be aware of the ethical implications of technological advances, and str... zy for the greater good. By developing these key mindsets, we can prepare ourselves to thrive in the era of chatGPT and beyond, and help shap... fits everyone. Another important action we can take is to protect our forests and oceans, which are crucial for absorbing carbon dioxide... ere and regulating the earth's climate. This requires preserving and restoring forest ecosystems, as well as reducing deforestation ar... on. Similarly, we must reduce pollution and overfishing in our oceans, as well as protect marine habitats and species. By taking these steps, we... e the impacts of climate change and preserve the natural systems that sustain us. Did the Pentagon make the right decision? Taken by theme... re unconvincing. In the Iraq War, one of the most common injuries recognized with the Purple Heart has been a punctured ear drum, ca... as at close range. But unlike bullets and bombs, such explosions are not a deliberate enemy tactic intended to injure or kill; they are (like traumat... ng side effect of battlefield action. And while traumatic disorders may be more difficult to diagnose than a broken limb, the injury they infli... cre and long-lasting. Hateful societies are those that are built on the belief that one group is inherently superior to others. This belief can ma... rms, including discrimination, violence, and dehumanization of those deemed inferior. Such societies often use myths, propaganda, and oth... dation to justify their actions and maintain their power. Hateful societies can be found throughout history and across different parts of the wo... ake many different forms, from authoritarian regimes to religious fundamentalism to racial or ethnic supremacy. The consequences of li... ciety can be devastating, leading to widespread suffering, oppression, and even genocide. I'd been given a glimpse of a Great Secret——The... limpse came in a hundred-year-old book, given to me by my daughter Hayley. I began tracing The Secret back through history. I couldn't believe... to know this. They were the greatest people in history: Plato, Shakespeare, Newton, Hugo, Beethoven, Lincoln, Emerson, Edison, E... us, I asked, "Why doesn't everyone know this?" A burning desire to share The Secret with the world consumed me, and I began searching fo... y who knew The Secret. Fossils indicate that the evolutionary line leading to us had achieved a substantially upright posture by around 4 milli... began to increase in body size and in relative brain size around 2.5 million years ago. Those protohumans are generally known as Australop... Homo habilis, and Homo erectus, which apparently evolved into each other in that sequence. Although Homo erectus, the stage reached aro... ars ago, was close to us modern humans in body size, its brain size was still barely half of ours. Stone tools became common around 2.5 millio... ey were merely the crudest of flaked or battered stones. In zoological significance and distinctiveness, Homo erectus was more than an ape... than a modern human. 'The Queen's Looking Glass' is a chapter in the book The Madwoman in the Attic. In this chapter, two authors explore... or as a symbol in literature written by women. They argue that the mirror has been used by male writers to reinforce traditional gender role... women. However, women writers have subverted this symbol, using it to challenge traditional notions of femininity and to explore the compl... ntity. They try to show us how women writers have used literature to resist patriarchal oppression and to assert their own identities. If the Earth... uld be a cataclysmic event for all life on our planet. The thought of such a scenario is both terrifying and intriguing. However, it is important... 'that this is a hypothetical situation, and I suggest we take measures to prevent such an outcome as soon as possible. If the Earth were to end, i... estruction of all living beings and ecosystems. The beauty of nature, the diversity of species, and the complexity of life would be lost forever... a world without the vibrant colors of a sunrise, the sound of birds singing, or the smell of freshly-cut grass. The loss of these experiences wo... yond measure. If one were to step back and analyze the current state of affairs, it would become evident that a paradigm shift is necessary... t of society. Should we continue down this path of negligence, the consequences could be dire. Were a new approach to be implemented, how... or positive change would be immense. What if we, as a society, were to shift our focus from material wealth to personal well-being? It is conce... ange would lead to more fulfilling lives and stronger communities. If only we could let go of our constant pursuit of possessions and status, we... ere is more to life than what meets the eye. India is a diverse multiethnic country that is home to thousands of small ethnic and tribal group... y developed from a lengthy and involved process of migration and intermarriage. The great urban culture of the Indus civilization, a societ... r valley that is thought to have been Dravidian-speaking, thrived from roughly 2500 to 1700 BCE. An early Aryan civilization also flourishe... n about 1500 BCE onward. The Aryans brought with them a caste system that became India's distinctive social structure. The caste system... o four main categories: Brahmins (priests), Kshatriyas (warriors), Vaishyas (traders), and Shudras (servants). The peoples of India includ... ravidians and Mongoloids. You will have the chance to read through and discover the spark to innovate and solve real-world problems, to... of the problems, and to compete with your solutions. You will have an easy five-step process that you can use to innovate. Not only is this a proc... e for your projects, but this is something that is repeatable, and you will be able to use it for your other innovation endeavors. Feel free to check... s at the end of each chapter for some hands-on learning as you understand the fundamentals behind innovation. According to the legend, Ado... he woods when he was attacked and killed by a wild boar. As he lay dying, the goddess Aphrodite rushed to his side and wept over him, caus... owers to bloom from the ground where his blood had spilled. Another Greek myth tells the story of the nymph Anemone, who was pursued b... hen she realized that she could not escape his advances, she prayed to the goddess Artemis for help. Artemis turned Anemone into a flower, wh... he woods to protect her from Apollo's pursuit. In Christian tradition, the anemone is associated with the crucifixion of Jesus Christ. Accor... en Christ was crucified, drops of his blood fell to the ground and turned into red anemones. In general, the anemone flower is often associate... rrection, protection, and beauty in different cultures around the world. Quantum mechanics is a branch of physics that deals with the beha... a very small scale, such as atoms and subatomic particles. It describes how these particles interact with each other and with energy, an... zed our understanding of the physical world. In quantum mechanics, particles exist in multiple states simultaneously, and they can exist in a... on until they are observed or measured. This means that particles can appear to be in two places at once, or they can be connected across vast di... nenon called entanglement. Quantum mechanics also introduces the concept of uncertainty, which means that we can't know the precise loc... n particle at any given moment. The backlash against feminism can foster negative attitudes towards women by framing feminist con... or exaggerated. This can contribute to the normalization of sexism and misogyny, which in turn harms both men and women by perpe... nd perpetuating harmful attitudes about gender roles. Also by rejecting feminist ideas about gender equality, the backlash against feminism... ty to explore and express their own identities outside of traditional gender roles. This may result in men feeling trapped in a rigid defin... which can have negative consequences for their mental health and personal relationships. Loving someone or being loved is a feeling that...

protection, and beauty in different cultures around the world. Quantum mechanics is a branch of physics that deals with the behavior of particles a quantum mechanics, particles exist in multiple states simultaneously, and they can exist in a state of superposition until they are observed or meas pt of uncertainty, which means that we can't know the precise location or velocity of a particle at any given moment. The backlash against feminis and women by perpetuating inequality and perpetuating harmful attitudes about gender roles. Also by rejecting feminist ideas about gender equa nity, which can have negative consequences for their mental health and personal relationships. Loving someone or being loved is a feeling that is ddling, or simply spending time together. By loving and being loved, we experience many benefits that can enhance our overall well-being. Lov nd confident. As we enter the era of ChatGPT and other advanced technologies, it is essential for humans to cultivate a mindset that enables us to with others and work in this global economy. Building resilience and the ability to bounce back from setbacks and failures is critical in times of ra s to thrive in the era of chatGPT and beyond, and help shape a future that benefits everyone. Another important action we can take is to protect our orestation and forest degradation. Similarly, we must reduce pollution and overfishing in our oceans, as well as protect marine habitats and spec ns are unconvincing. In the Iraq War, one of the most common injuries recognized with the Purple Heart was a punctured ear drum, caused ction. And while traumatic disorders may be more difficult to diagnose than a broken limb, the injury they inflict can be more severe and long-lasti hose deemed inferior. Such societies often use myths, propaganda, and other forms of manipulation to justify their actions and maintain the acial or ethnic supremacy. The consequences of living in a hateful society can be devastating, leading to widespread suffering, oppression, and history. I couldn't believe all the people who knew this. They were the greatest people in history: Plato, Shakespeare, Newton, Hugo, Beethoo alive today who knew The Secret. Fossils indicate that the evolutionary line leading to us had achieved a substantially upright posture by around omo erectus, which apparently evolved into each other in that sequence. Although Homo erectus, the stage reached around 1.7 million years ag nes. In zoological significance and distinctiveness, Homo erectus was more than an ape, but still much less than a modern human. 'The Queen's sed by male writers to reinforce traditional gender roles and to objectify women. However, women writers have subverted this symbol, using it to n identities. If the Earth were to end, it would be a cataclysmic event for all life on our planet. The thought of such a scenario is both terrifying and in the destruction of all living beings and ecosystems. The beauty of nature, the diversity of species, and the complexity of life would be lost foreve to step back and analyze the current state of affairs, it would become evident that a paradigm shift is necessary for the betterment of society. Sho ty, were to shift our focus from material wealth to personal well-being? It is conceivable that this change would lead to more fulfilling lives and st to thousands of small ethnic and tribal groups. That complexity developed from a lengthy and involved process of migration and intermarriage so flourished in the region from about 1500 BCE onward. The Aryans brought with them a caste system that became India's distinctive social st dians and Mongoloids. You will have the chance to read through and discover the spark to innovate and solve real-world problems, to spread a mething that is repeatable, and you will be able to use it for your other innovation endeavors. Feel free to check out the workspaces at the end of As he lay dying, the goddess Aphrodite rushed to his side and wept over him, causing red anemone flowers to bloom from the ground where his bl for help. Artemis turned Anemone into a flower, which she then hid in the woods to protect her from Apollo's pursuit. In Christian tradition, the a s often associated with death, resurrection, protection, and beauty in different cultures around the world. Quantum mechanics is a branch of ph ur understanding of the physical world. In quantum mechanics, particles exist in multiple states simultaneously, and they can exist in a state of s tum mechanics also introduces the concept of uncertainty, which means that we can't know the precise location or velocity of a particle at any ism and misogyny, which in turn harms both men and women by perpetuating inequality and perpetuating harmful attitudes about gender role t in men feeling trapped in a rigid definition of masculinity, which can have negative consequences for their mental health and personal relations ed through various actions, such as holding hands, cuddling, or simply spending time together. By loving and being loved, we experience m ng a sense of calmness, which can help us feel more secure and confident. As we enter the era of ChatGPT and other advanced technologies, it is o market. We must also develop the ability to collaborate with others and work in this global economy. Building resilience and the ability to boun developing these key mindsets, we can prepare ourselves to thrive in the era of chatGPT and beyond, and help shape a future that benefits everyo nd restoring forest ecosystems, as well as reducing deforestation and forest degradation. Similarly, we must reduce pollution and overfishing ke the right decision? Taken by themselves, its reasons are unconvincing. In the Iraq War, one of the most common injuries recognized with the ic stress) a damaging side effect of battlefield action. And while traumatic disorders may be more difficult to diagnose than a broken limb, the inj rimination, violence, and dehumanization of those deemed inferior. Such societies often use myths, propaganda, and other forms of manipu gimes to religious fundamentalism to racial or ethnic supremacy. The consequences of living in a hateful society can be devastating, leading to egan tracing The Secret back through history. I couldn't believe all the people who knew this. They were the greatest people in history: Plato, S and I began searching for people alive today who knew The Secret. Fossils indicate that the evolutionary line leading to us had achieved a subst africanus, Homo habilis, and Homo erectus, which apparently evolved into each other in that sequence. Although Homo erectus, the stage rea crudest of flaked or battered stones. In zoological significance and distinctiveness, Homo erectus was more than an ape, but still much less tha hey argue that the mirror has been used by male writers to reinforce traditional gender roles and to objectify women. However, women writer riarchal oppression and to assert their own identities. If the Earth were to end, it would be a cataclysmic event for all life on our planet. The thou ossible. If the Earth were to end, it would mean the destruction of all living beings and ecosystems. The beauty of nature, the diversity of species uld be a tragedy beyond measure. If one were to step back and analyze the current state of affairs, it would become evident that a paradigm sh change would be immense. What if we, as a society, were to shift our focus from material wealth to personal well-being? It is conceivable that th ndia is a diverse multiethnic country that is home to thousands of small ethnic and tribal groups. That complexity developed from a lengthy an 2500 to 1700 BCE. An early Aryan civilization also flourished in the region from about 1500 BCE onward. The Aryans brought with them a ca he peoples of India include Indo-Aryans, Dravidians and Mongoloids. You will have the chance to read through and discover the spark to inn hat you can use for your projects, but this is something that is repeatable, and you will be able to use it for your other innovation endeavors. Fe when he was attacked and killed by a wild boar. As he lay dying, the goddess Aphrodite rushed to his side and wept over him, causing red anemo nis advances, she prayed to the goddess Artemis for help. Artemis turned Anemone into a flower, which she then hid in the woods to protect her ored anemones. In general, the anemone flower is often associated with death, resurrection, protection, and beauty in different cultures aroun er and with energy, and it has revolutionized our understanding of the physical world. In quantum mechanics, particles exist in multiple states in a phenomenon called entanglement. Quantum mechanics also introduces the concept of uncertainty, which means that we can't know the p n contribute to the normalization of sexism and misogyny, which in turn harms both men and women by perpetuating inequality and perpetu aditional gender roles. This may result in men feeling trapped in a rigid definition of masculinity, which can have negative consequences for ecurity and comfort. Love can be expressed through various actions, such as holding hands, cuddling, or simply spending time together. By lo mone is also responsible for creating a sense of calmness, which can help us feel more secure and confident. As we enter the era of ChatGPT a y relevant and competitive in the job market. We must also develop the ability to collaborate with others and work in this global economy. E to use technology for the greater good. By developing these key mindsets, we can prepare ourselves to thrive in the era of chatGPT and bey lating the earth's climate. This requires preserving and restoring forest ecosystems, as well as reducing deforestation and forest degradation the natural systems that sustain us. Did the Pentagon make the right decision? Taken by themselves, its reasons are unconvincing. In the Iraq W emy tactic intended to injure or kill; they are (like traumatic stress) a damaging side effect of battlefield action. And while traumatic disorde others. This belief can manifest in various forms, including discrimination, violence, and dehumanization of those deemed inferior. Such world, and they can take many different forms, from authoritarian regimes to religious fundamentalism to racial or ethnic supremacy. The con a hundred-year-old book, given to me by my daughter Hayley. I began tracing The Secret back through history. I couldn't believe all the peo "A burning desire to share The Secret with the world consumed me, and I began searching for people alive today who knew The Secret. Foss ars ago. Those protohumans are generally known as Australopithecus africanus, Homo habilis, and Homo erectus, which apparently evolve me common around 2.5 million years ago, but they were merely the crudest of flaked or battered stones. In zoological significance and distin he idea of the mirror as a symbol in literature written by women. They argue that the mirror has been used by male writers to reinforce traditi try to show us how women writers have used literature to resist patriarchal oppression and to assert their own identities. If the Earth were

le, such as atoms and subatomic particles, it describes how these particles interact with each other and with energy, and it has revolutionized our
that particles can appear to be in two places at once, or they can be connected across vast distances in a phenomenon called entanglement. Qua
tive attitudes towards women by framing feminist concerns as unfounded or exaggerated. This can contribute to the normalization of sexism an
against feminism can limit men's ability to explore and express their own identities outside of traditional gender roles. This may result in men fee
ords. It is a feeling that can bring so much joy and happiness, while also providing a sense of security and comfort. Love can be expressed through
brains release oxytocin, a hormone that helps us feel more relaxed and less stressed. This hormone is also responsible for creating a sense of calm
changing world. We need to embrace lifelong learning, creativity, and critical thinking to stay relevant and competitive in the job market. We n
ly, we need to be aware of the ethical implications of technological advances, and strive to use technology for the greater good. By developing th
s, which are crucial for absorbing carbon dioxide from the atmosphere and regulating the earth's climate. This requires preserving and restoring
se steps, we can help to mitigate the impacts of climate change and preserve the natural systems that sustain us. Did the Pentagon make the righ
close range. But unlike bullets and bombs, such explosions are not a deliberate enemy tactic intended to injure or kill; they are (like traumatic str
ies are those that are built on the belief that one group is inherently superior to others. This belief can manifest in various forms, including discrimi
societies can be found throughout history and across different parts of the world, and they can take many different forms, from authoritarian
been given a glimpse of a Great Secret—The Secret to life. The glimpse came in a hundred-year-old book, given to me by my daughter Hayley
erson, Edison, Einstein. Incredulous, I asked, "Why doesn't everyone know this?" A burning desire to share The Secret with the world consu
o, then began to increase in body size and in relative brain size around 2.5 million years ago. Those protohumans are generally known as Austral
modern humans in body size, its brain size was still barely half of ours. Stone tools became common around 2.5 million years ago, but they were
chapter in the book The Madwoman in the Attic. In this chapter, two authors explore the idea of the mirror as a symbol in literature written by wo
nal notions of femininity and to explore the complexity of female identity. They try to show us how women writers have used literature to resist pa
r, it is important that we remember that this is a hypothetical situation, and I suggest we take measures to prevent such an outcome as soon as poss
ine a world without the vibrant colors of a sunrise, the sound of birds singing, or the smell of freshly-cut grass. The loss of these experiences woul
wn this path of negligence, the consequences could be dire. Were a new approach to be implemented, however, the potential for positive chang
es. If only we could let go of our constant pursuit of possessions and status, we might find that there is more to life than what meets the eye. India is a
ulture of the Indus civilization, a society of the Indus River valley that is thought to have been Dravidian-speaking, thrived from roughly 2500 to
ystem divided people into four main categories: Brahmins (priests), Kshatriyas (warriors), Vaishyas (traders), and Shudras (servants). The pec
oblems, and to compete with your solutions. You will have an easy five-step process that you can use to innovate. Not only is this a process that
ne hands-on learning as you understand the fundamentals behind innovation. According to the legend, Adonis was hunting in the woods wher
other Greek myth tells the story of the nymph Anemone, who was pursued by the god Apollo. When she realized that she could not escape his ad
ed with the crucifixion of Jesus Christ. According to legend, when Christ was crucified, drops of his blood fell to the ground and turned into red a
the behavior of particles at a very small scale, such as atoms and subatomic particles. It describes how these particles interact with each other a
ney are observed or measured. This means that particles can appear to be in two places at once, or they can be connected across vast distances in a
e backlash against feminism can foster negative attitudes towards women by framing feminist concerns as unfounded or exaggerated. This
feminist ideas about gender equality, the backlash against feminism can limit men's ability to explore and express their own identities outside
ne or being loved is a feeling that is hard to put into words. It is a feeling that can bring so much joy and happiness, while also providing a sense of s
n our overall well-being. Loving someone, our brains release oxytocin, a hormone that helps us feel more relaxed and less stressed.
s to cultivate a mindset that enables us to adapt to a rapidly changing world. We need to embrace lifelong learning, creativity, and critical thinkin
cks and failures is critical in times of rapid change. Finally, we need to be aware of the ethical implications of technological advances, and strive
nt action we can take is to protect our forests and oceans, which are crucial for absorbing carbon dioxide from the atmosphere and regulating the
as protect marine habitats and species. By taking these steps, we can help to mitigate the impacts of climate change and preserve the natural sy
n a punctured ear drum, caused by explosions at close range. But unlike bullets and bombs, such explosions are not a deliberate enemy tactic int
e more severe and long-lasting. Hateful societies are those that are built on the belief that one group is inherently superior to others. This belief ca
ctions and maintain their power. Hateful societies can be found throughout history and across different parts of the world, and they can take m
g, oppression, and even genocide. I'd been given a glimpse of a Great Secret—The Secret to life. The glimpse came in a hundred-year-old boo
n, Hugo, Beethoven, Lincoln, Emerson, Edison, Einstein. Incredulous, I asked, "Why doesn't everyone know this?" A burning desire to shar
re by around 4 million years ago, then began to increase in body size and in relative brain size around 2.5 million years ago. Those protohumans
on years ago, was close to us modern humans in body size, its brain size was still barely half of ours. Stone tools became common around 2.5 m
The Queen's Looking Glass' is a chapter in the book The Madwoman in the Attic. In this chapter, two authors explore the idea of the mirror as a
symbol, using it to challenge traditional notions of femininity and to explore the complexity of female identity. They try to show us how wom
is both terrifying and intriguing. However, it is important that we remember that this is a hypothetical situation, and I suggest we take measu
of life would be lost forever. It is hard to imagine a world without the vibrant colors of a sunrise, the sound of birds singing, or the smell of freshly-
e betterment of society. Should we continue down this path of negligence, the consequences could be dire. Were a new approach to be implem
to more fulfilling lives and stronger communities. If only we could let go of our constant pursuit of possessions and status, we might find that the
migration and intermarriage. The great urban culture of the Indus civilization, a society of the Indus River valley that is thought to have been [
he India's distinctive social structure. The caste system divided people into four main categories: Brahmins (priests), Kshatriyas (warriors), Va
world problems, to spread awareness of the problems, and to compete with your solutions. You will have an easy five-step process that you cal
e workspaces at the end of each chapter for some hands-on learning as you understand the fundamentals behind innovation. According to the
rom the ground where his blood had spilled. Another Greek myth tells the story of the nymph Anemone, who was pursued by the god Apollo. W
t. In Christian tradition, the anemone is associated with the crucifixion of Jesus Christ. According to legend, when Christ was crucified, drops
mechanics is a branch of physics that deals with the behavior of particles at a very small scale, such as atoms and subatomic particles. It describe
ney can exist in a state of superposition until they are observed or measured. This means that particles can appear to be in two places at once, or th
city of a particle at any given moment. The backlash against feminism can foster negative attitudes towards women by framing feminist conc
about gender roles. Also by rejecting feminist ideas about gender equality, the backlash against feminism can limit men's ability to explore a
personal relationships. Loving someone or being loved is a feeling that is hard to put into words. It is a feeling that can bring so much joy and
we experience many benefits that can enhance our overall well-being. Loving someone, our brains release oxytocin, a hormone that helps us f
nologies, it is essential for humans to cultivate a mindset that enables us to adapt to a rapidly changing world. We need to embrace lifelong lea
the ability to bounce back from setbacks and failures is critical in times of rapid change. Finally, we need to be aware of the ethical implicati
uture that benefits everyone. Another important action we can take is to protect our forests and oceans, which are crucial for absorbing carl
educe pollution and overfishing in our oceans, as well as protect marine habitats and species. By taking these steps, we can help to mitigate the
amon injuries recognized with the Purple Heart has been a punctured ear drum, caused by explosions at close range. But unlike bullets and bor
t to diagnose than a broken limb, the injury they inflict may be more severe and long-lasting. Hateful societies are those that are built on the be
ths, propaganda, and other forms of manipulation to justify their actions and maintain their power. Hateful societies can be found througho
hateful society can be devastating, leading to widespread suffering, oppression, and even genocide. I'd been given a glimpse of a Great Secre
ey were the greatest people in history: Plato, Shakespeare, Newton, Hugo, Beethoven, Lincoln, Emerson, Edison, Einstein. Incredulous, I
utionary line leading to us had achieved a substantially upright posture by around 4 million years ago, then began to increase in body size an
sequence. Although Homo erectus, the stage reached around 1.7 million years ago, was close to us modern humans in body size, its brain size
s was more than an ape, but still much less than a modern human. 'The Queen's Looking Glass' is a chapter in the book The Madwoman in the
objectify women. However, women writers have subverted this symbol, using it to challenge traditional notions of femininity and to expl
aclysmic event for all life on our planet. The thought of such a scenario is both terrifying and intriguing. However, it is important that we
systems. The beauty of nature, the diversity of species, and the complexity of life would be lost forever. It is hard to imagine a world without

cked and killed by a wild boar. As he lay dying, the goddess Aphrodite rushed to his side and wept over him, causing red anemone flowers to sp und where his blood had spilled. Another Greek myth tells the story of the nymph Anemone, who was pursued by the god Apollo. When she reali ld not escape his advances, she prayed to the goddess Artemis for help. Artemis turned Anemone into a flower, which she then hid in the woods to n Apollo's pursuit. In Christian tradition, the anemone is associated with the crucifixion of Jesus Christ. According to legend, when Christ wa ps of his blood fell to the ground and turned into red anemones. In general, the anemone flower is often associated with death, resurrection, pro uty in different cultures around the world. Quantum mechanics is a branch of physics that deals with the behavior of particles at a very small sc ns and subatomic particles. It describes how these particles interact with each other and with energy, and it has revolutionized our understan sical world. In quantum mechanics, particles exist in multiple states simultaneously, and they can exist in a state of superposition until they are asured. This means that particles can appear to be in two places at once, or they can be connected across vast distances in a phenomenon called ent antum mechanics also introduces the concept of uncertainty, which means that we can't know the precise location or velocity of a particle a ment. The backlash against feminism can foster negative attitudes towards women by framing feminist concerns as unfounded or exaggerat tribute to the normalization of sexism and misogyny, which in turn harms both men and women by perpetuating inequality and perpetuati udes about gender roles. Also by rejecting feminist ideas about gender equality, the backlash against feminism can limit men's ability to explore r own identities outside of traditional gender roles. This may result in men feeling trapped in a rigid definition of masculinity, which can ha sequences for their mental health and personal relationships. Loving someone or being loved is a feeling that is hard to put into words. It is a fee g so much joy and happiness, while also providing a sense of security and comfort. Love can be expressed through various actions, such as ho dling, or simply spending time together. By loving and being loved, we experience many benefits that can enhance our overall well-being. Lovin brains release oxytocin, a hormone that helps us feel more relaxed and less stressed. This hormone is also responsible for creating a sense of calm help us feel more secure and confident. As we enter the era of ChatGPT and other advanced technologies, it is essential for humans to cultivate a bles us to adapt to a rapidly changing world. We need to embrace lifelong learning, creativity, and critical thinking to stay relevant and competiti ket. We must also develop the ability to collaborate with others and work in this global economy. Building resilience and the ability to bounc backs and failures is critical in times of rapid change. Finally, we need to be aware of the ethical implications of technological advances, and nology for the greater good. By developing these key mindsets, we can prepare ourselves to thrive in the era of chatGPT and beyond, and helps benefits everyone. Another important action we can take is to protect our forests and oceans, which are crucial for absorbing carbon dioxi osphere and regulating the earth's climate. This requires preserving and restoring forest ecosystems, as well as reducing deforestatio radation. Similarly, we must reduce pollution and overfishing in our oceans, as well as protect marine habitats and species. By taking these steps itigate the impacts of climate change and preserve the natural systems that sustain us. Did the Pentagon make the right decision? Taken by the sons are unconvincing. In the Iraq War, one of the most common injuries recognized with the Purple Heart has been a punctured ear drum losions at close range. But unlike bullets and bombs, such explosions are not a deliberate enemy tactic intended to injure or kill; they are (like trau maging side effect of battlefield action. And while traumatic disorders may be more difficult to diagnose than a broken limb, the injury they i re severe and long-lasting. Hateful societies are those that are built on the belief that one group is inherently superior to others. This belief can ious forms, including discrimination, violence, and dehumanization of those deemed inferior. Such societies often use myths, propaganda, and manipulation to justify their actions and maintain their power. Hateful societies can be found throughout history and across different parts of the y can take many different forms, from authoritarian regimes to religious fundamentalism to racial or ethnic supremacy. The consequences ful society can be devastating, leading to widespread suffering, oppression, and even genocide. I'd been given a glimpse of a Great Secret--- The glimpse came in a hundred-year-old book, given to me by my daughter Hayley. I began tracing The Secret back through history. I couldn't ple who knew this. They were the greatest people in history: Plato, Shakespeare, Newton, Hugo, Beethoven, Lincoln, Emerson, Ediso redulous, I asked, "Why doesn't everyone know this?" A burning desire to share The Secret with the world consumed me, and I began searchin e today who knew The Secret. Fossils indicate that the evolutionary line leading to us had achieved a substantially upright posture by around 4 then began to increase in body size and in relative brain size around 2.5 million years ago. Those protohumans are generally known as Aust canus, Homo habilis, and Homo erectus, which apparently evolved into each other in that sequence. Although Homo erectus, the stage reache lion years ago, was close to us modern humans in body size, its brain size was still barely half of ours. Stone tools became common around 2.5 but they were merely the crudest of flaked or battered stones. In zoological significance and distinctiveness, Homo erectus was more than a ch less than a modern human. 'The Queen's Looking Glass' is a chapter in the book The Madwoman in the Attic. In this chapter, two authors ex ne mirror as a symbol in literature written by women. They argue that the mirror has been used by male writers to reinforce traditional gende ectify women. However, women writers have subverted this symbol, using it to challenge traditional notions of femininity and to explore the c ale identity. They try to show us how women writers have used literature to resist patriarchal oppression and to assert their own identities. If the , it would be a cataclysmic event for all life on our planet. The thought of such a scenario is both terrifying and intriguing. However, it is impo ember that this is a hypothetical situation, and I suggest we take measures to prevent such an outcome as soon as possible. If the Earth were to n the destruction of all living beings and ecosystems. The beauty of nature, the diversity of species, and the complexity of life would be lost for magine a world without the vibrant colors of a sunrise, the sound of birds singing, or the smell of freshly-cut grass. The loss of these experience edy beyond measure. If one were to step back and analyze the current state of affairs, it would become evident that a paradigm shift is nec erment of society. Should we continue down this path of negligence, the consequences could be dire. Were a new approach to be implemented ential for positive change would be immense. What if we, as a society, were to shift our focus from material wealth to personal well-being? It i this change would lead to more fulfilling lives and stronger communities. If only we could let go of our constant pursuit of possessions and sta d that there is more to life than what meets the eye. India is a diverse multiethnic country that is home to thousands of small ethnic and triba mplexity developed from a lengthy and involved process of migration and intermarriage. The great urban culture of the Indus civilization, a us River valley that is thought to have been Dravidian-speaking, thrived from roughly 2500 to 1700 BCE. An early Aryan civilization also flo on from about 1500 BCE onward. The Aryans brought with them a caste system that became India's distinctive social structure. The caste sy ple into four main categories: Brahmins (priests), Kshatriyas (warriors), Vaishyas (traders), and Shudras (servants). The peoples of India ans, Dravidians and Mongoloids. You will have the chance to read through and discover the spark to innovate and solve real-world proble areness of the problems, and to compete with your solutions. You will have an easy five-step process that you can use to innovate. Not only is this can use for your projects, but this is something that is repeatable, and you will be able to use it for your own innovation endeavors. Feel free to kspaces at the end of each chapter for some hands-on learning as you understand the fundamentals behind innovation. According to the legen ting in the woods when he was attacked and killed by a wild boar. As he lay dying, the goddess Aphrodite rushed to his side and wept over hi mone flowers to bloom from the ground where his blood had spilled. Another Greek myth tells the story of the nymph Anemone, who was purs llo. When she realized that she could not escape his advances, she prayed to the goddess Artemis for help. Artemis turned Anemone into a flow h hid in the woods to protect her from Apollo's pursuit. In Christian tradition, the anemone is associated with the crucifixion of Jesus Christ end, when Christ was crucified, drops of his blood fell to the ground and turned into red anemones. In general, the anemone flower is often a th, resurrection, protection, and beauty in different cultures around the world. Quantum mechanics is a branch of physics that deals with th icles at a very small scale, such as atoms and subatomic particles. It describes how these particles interact with each other and with ene olutionized our understanding of the physical world. In quantum mechanics, particles exist in multiple states simultaneously, and they can e erposition until they are observed or measured. This means that particles can appear to be in two places at once, or they can be connected across phenomenon called entanglement. Quantum mechanics also introduces the concept of uncertainty, which means that we can't know the prec ocity of a particle at any given moment. The backlash against feminism can foster negative attitudes towards women by framing femini ounded or exaggerated. This can contribute to the normalization of sexism and misogyny, which in turn harms both men and women by quality and perpetuating harmful attitudes about gender roles. Also by rejecting feminist ideas about gender equality, the backlash against fem n's ability to explore and express their own identities outside of traditional gender roles. This may result in men feeling trapped in a rigi sculinity, which can have negative consequences for their mental health and personal relationships. Loving someone or being loved is a feelin into words. It is a feeling that can bring so much joy and happiness, while also providing a sense of security and comfort. Love can be exp